ロシア＝ソビエト
あかゲット

長谷川七郎著

■扉絵　月のジャズ　オレグ・サカロフ（一九一九―一九九〇）作

ロシア＝ソビエト あかゲット ●目次

1　黒海紀行

「ソビエトには善きものと悪しきものとが並んで存在している。より適切に言えば非常に優れたものと最悪なものがある」(『ソビエト旅行記』ジッド、小松清訳、一九七一年、新潮文庫)

私は一カ月ほどの予定でバルト海の沿岸地方を旅行してみたいと考えた。年ごとに億劫になる東京の暑気しのぎと北海の白夜にひたりたいぐらいの気持ちであった。

エストニア、ラトビア、リトアニアのバルト三国が外国人旅行者に開放されたのはわりと新しいように聞いているし、ロシアとちがった北欧風の古い建築や、モルダビアについで日本人の旅行者が少ないことにも気がひかれた。ときたま送られてくるバルト三国の書籍にはロシア語が併記していなかったり、写真でみる街の看板などにもロシア語でないその国の言葉だけがならべられてあるのがソ連では珍しいとおもった。

そんな旅行計画の最中に八年ほど前にコーカサスのアンデエフ家で会ったガガーエフから手紙をもらった。かれは数年前からオデッサの大学に転勤になっており、年賀状やときおりは便りをもらっていた。文面は私の年賀状にたいする返事であった。私の年賀状はいつもの新年おめでとうだけではあまり愛想がないので、そのうちまた会いましょうという日本的常套句を一行そえただけのものであった。かれの関心は私のその一行にこだわったもので、私がちかく訪問したい希望があると解釈し、かれおよびコーカサスの仲間は貴下をソ連に招待したいと申し出てきたものであった。

私は招待の費用が個人から出されるのか公的機関かしらないが、なんとなくきゅうくつでもあるし、もともとあてのない気楽な旅行をするつもりであったのでバルト海方面をまわるついでに黒海に一週間ほど足をのばし、その間だけお世話になるむねの手紙をだした。

その返事として一カ月ぐらいの日程では北から南までは無理であるからバルト海方面はつぎの機会にして、オデッサから黒海沿岸に沿ってクリミヤ半島のヤルタ、ノボロシスク、コーカサスのソチ、スフミと船で回遊し、スフミからトビリシを経てウラジカフカズにゆくコースをすすめてきた。そしてオデッサからスフミまではガガーエフ夫妻が案内したいと申しそえてあった。

飛行機で旅行をしていると距離の観念がなくなるとよくいわれているが、黒海沿岸でもオデッサからヤルタ、ヤルタからソチとそれぞれ一時間ぐらいの飛行時間でしかないこと、国際的にも有名な保養地でしかも大型快速船で廻るのだから港からつぎの停泊地までは数時間くらいだろうし、またシーズンであるから毎日数便はあるだろうから先方にまかせておいても大丈夫だろうと手前勝手に推測して日程をたてたが、念のためソ連の観光局に出向いて七月の黒海沿岸の船の運行表を見せてもらっておどろいた。オデッサからヤルタまでは二十余時間で船中で一泊、ヤルタからスフミまでは三十六時間で船中で二泊となっており、さらにハイシーズンで便数が多くはなっていても三日から五日ぐらいの間隔になっているからである。そこであわてて船の出港日に合わせて宿泊地と日程をたてなおしたりした。

そんなことやなにやかで時間をとられ七月はじめにようやく出発できることになったが、出発の二日ほど前になってオデッサはホテルが満員でだめ、リガもだめとぽつりぽつりとインツウリストから変更の電報が入った。

ご承知の方が多いとおもうが一般にソ連旅行ではインツウリストという規模だけは世界最大の外国人旅行公社が一切の世話を引き受けており、その手続きがすまないとソ連への入国査証が出ないような仕組みになっている。

日本の旅行代理店の方でも飛行機の予約の関係などで交渉している時間がないので、変更前のインツウリストの承諾電報でビザをとり、一部変更はモスクワでやってくれということでとりあえずオデッサにいちばん近い空港を地図でさがした結果、モルダビアのキシニヨフに行くことにした。キシニヨフはオデッサから汽車で五時間ぐらい、飛行機で一時間内外の距離であった。どこでもそうであるが一応形式的には満員であっても現地にゆけばガガーエフもいることであるしホテルをはじめその後のことはなんとでもなる自信は私にもあったがインツウリスト相手にそれを諒解させる時間がなかった。出発の前夜にインツウリストの都合でキシニヨフに行くから飛行場に出迎えてくれるようガガーエフに電報を打ってあわただしく羽田を発った。

私も何回かインツウリストの世話になっているが、今回のように招待と自費を併用したケースははじめてであり、音にきこえたインツウリストのトラブルについては前途にかすかな不安は予知していた。

羽田を正午すぎに発ってモスクワに着いたのは十時間後であったが時差が六時間あるので空港に降り立ってもまだ陽のまぶしい午後四時すぎであった。空港のインツウリストの控室で三時間も待たされてようやくコムソモール広場に面したホテル・レニングラーツカヤに送りこまれた。このホテルはすでに何回も宿泊したことのある馴染みのホテルであり、スターリン好みといわれているモスクワ大学等々五つの高層建築物の一つであるが、十八年前に初めてモスクワに足をふみ入れたときの最初のホテルということで私には印象ぶかいものがある。

コムソモール広場は三駅広場ともよばれていた。三駅はホテルの窓下からも見える。駅名と行先がややこしいので表示しておく。ゴチックが駅名で明朝体が行先名である。

■レニングラード駅
（行先）
◎サンクトペテルブルグ
◎ムールマンスク
◎ターリン
◎ヘルシンキ

■ヤロスラブリ駅
（行先）
◎ヤロスラブリ
◎エカテリンブルグ
◎ノヴシビリスク
◎イルクーツク
◎ハバロフスク
◎ウラジオストック
◎ウランバートル
◎北京

■カザン駅
（行先）
◎カザン
◎エカテリンブルグ
◎トイニダ（バム鉄道）
◎タシケント
◎アルマトイ
◎ビシュケク
◎アンガバート・ドウシャンペ

モスクワ、サンクトペテルブルグ間は八時間ぐらいであるが最初のときは暑いので窓を開けて寝たら、朝になってみると白い上掛けに煤煙がいっぱい溜まっていた。つぎに乗ったときにはもうジーゼルに変わっていた。料金表を見ると汽車は約五千四百円、飛行機は約四千四百円で飛行機のほうが幾分安い。ソ連ではこの鉄道が自慢なので観光として一度は乗せたいらしい。

現在ソ連の急行は時速一一〇キロぐらいと思うが、モスクワ、サンクトペテルブルグ間の特急は最高時速一六〇キロとある。日本の新幹線に刺激されたわけか近く二〇〇キロの特急「ルースカヤ・トロイカ号」の運転開始が伝えられている。

先年おとずれたときいちばん大きなカザン駅の構内をぶらぶら歩いたことがある。いかにも田舎から出てきたか、帰るといった素朴な身なりの人たちが粗末なトランクを大事にかかえて寝こんでいたり、新聞紙を敷いて座ったりしている様子は夜行列車を待つ上野駅を思わせるものがあって珍しかった。

ついでに便所に入ったら板仕切りだけで、ずらりと並んだ丸見えの大便器で隣の人と話したり、新聞を読んでいるのを見て、馴れないためかその壮観に驚かされたことがある。

なお尾籠な話を書くと私の体験した範囲ではウクライナから南のホテルや船の便所でも、たいてい便器の脇に金網のかごが置いてあって、そこに使用後の紙をすてるようになっていた。その理由については備えつけの紙が粗末でばりばりしたもので管につかえる配慮のように言う人もあるが、ソ連でも必要ならやわらかいトイレットペーパーぐらい無いわけではなく、喰い物の関係からか、糞が兎のそれのようにころんとして紙に附着しないため、そんな習慣があるのではないかと推測した。確かめてみるほどの興味はないから真偽のほどは知らない。

ソ連の便所では私もはじめはずいぶん苦労した。公衆便所がすくないことは無論であるが宮殿づくりの建物が多く、階段の下とか、緞帳の奥とか、隠蔽された箇所としての習慣が多いためであろうか、日本流にデパートやビルにとびこめばすぐあるだろうと思っていたら、街中や公園は無論であるが劇場、博物館、百貨店のようなところでも見つけだすには容易でなかった。しかしだんだん不自由さを感じなくなったのは標示のある便所が増えたためか、いくらか馴れたせいかもしれない。

日本の都市で汲取便所で生活している者がたまたまソ連の郊外のコルホーズを見学し、便所を借りたところが水洗式でなく汲取式であったと、その非文化さの発見をとくとくと書いているなどは面白い心理であると思う。私にも似たような経験がある。先年知人のイルクーツクの美術館長のボガーチョフがなにかのパーティで来日した際に友人と二人で私の家に来たことがある。いいかげん飲んだあげくホテルに帰すために車の通る表通りまで見送りに家を出たとたんに、急につれの方が尿意を訴えたので面倒くさかったが外国人であるからしかたなく引き返して家のトイレに案内しようとすると、手を振って露地でやりだした。ちょっとびっくりしたが考えてみればわれわれもしょっちゅうやっている当たり前のことであってむしろ若干の親近感を増したぐらいのものである。このような外国人に対するコンプレックスは私どもの世代ではわりに根強いものがあるのかもしれない。

ソ連内の宿泊やエクスカーションについても、どこでも旅行者の希望するところというわけにはゆかず、指定地でも三〇キロ以上は許可が要ることになっている。軍事や国防上の機密保持を言う人もいるがミサイルや人工衛星が地球上空をとび交っている現在ではナンセンスにちかい。ソ連の官僚主義とスローモーな国民性によるもので、欧米式のホテルの生活様式を期待している外国人旅行者をとまどいさせないための措置が主な理由である。現在は約七十カ所ほどの指定宿泊都市があるが、宿泊施設が完備し次第にそれを増やしているのが実情のようである。

ソ連の旅行心得の、軍事施設は論外としても飛行機上、空港、駅、港湾、橋、工場の写真撮影禁止の項目も、今日の文明国家としては異例である。しかし実際には軍事施設以外は専門視察の場合、写真もすべて自由であり、指定地以外も宿泊設備の不備を除けば案内でどこへでも行くことができた。

アメリカでもフランスでも、よいところもあるし、その反対の暗闇面もあることは当たり前すぎて誰も問題にしないが、交流の盛んになった現在ではさほどでないが、一昔前まではイデオロギーの好き嫌いも相まって、旅行者はソ連をこの世の楽園と言ったり、地獄と言ったりしたものである。

私はここでたとえば、レストランで料理を持ってくる時間が長いとか、あらかじめ宿泊するホテルの名前すら現地に到着するまでは知らされないとか、誰でも経験するようなインツウリストの悪口をならべたてる気は毛頭ない。むしろ団体旅行は別としても個人旅行の一人一人について、早朝、深夜をいとわず、たとえそれが当然と決められた職務であっても空港への出迎え、見送りから見学、観光案内のすべてにわたる心遣いには感謝している者である。

しかし他の面からみるとそれは私どもがしばしば経験する、たとえばすぐ品切れになるようなソ連の文献をモスクワよりは東京で入手しやすいというようなこと、またたいしたものでない料理を食うためにレストランやコーヒー店で行列をつくること、それと同質の不合理さが当然インツウリストの体質的な欠陥として外国人旅行者にふりかかってくるともいうことができる。

もとより商業主義の国家ではないから、図書も発行部数を決める機関で、この科学書は国力増強に必要であるから何万部、この芸術書は好ましくないから何百部と査定し、売り切れたからといって増刷することはないし、レストランも市民がいくら行列しても、国家がその必要を認めなければ増やすことはしない。

　現在のソ連がはたして社会主義国家であるかどうかというようなイデオロギーの問題は一応別としてもアメリカと比較する大国として国際的にも交流のはげしくなった現在、旅行者の数の限定された初期の幼稚なインツウリストの観光行政そのままでは矛盾がつぎつぎに出てくるのは当然というほかはない。モスクワやサンクトペテルブルグのような大都市ではさすがにいくらか近代化されたようなことも聞くが、全般的にはまだ旧態依然としているのが実状のようである。

　以前訪ソした節、私はインツウリストのエクスカーション指定地になっているモスクワから南二二五キロのトルストイのヤースナヤ・ポリヤーナや、北方七五キロにあたるロシア正教の本山であるトロイッエ・セルギイ寺院や民芸品の生産地として有名なザゴルスクに行きたいと思ってインツウリストに掛け合ったが不調におわった。私の場合片言のガイドなどはむしろ迷惑であるし、汽車も電車もあるので許可さえあればそれで充分なのであるが、個人の場合でもガイドつきインツウリストの車でないと許可されない。結局はガイドの不足や費用の点などで実現はむずかしいのがおちである。

インツウリストの方針は外国人旅行者が不馴れな土地で迷子になったり、言葉に不自由しないようにトコトンまで親切に面倒をみる趣旨のようでもあるし、また外国人のスパイ行為にたいする監視役として終始つきまとうのが使命とも言われている。しかし森の中の墓地や玩具や寺院の町のような所にまでそのような考えがあるとすれば、その不合理さはやがて改善されるべきであろう。

モスクワには帰路に滞在する予定であり、往きはキシニヨフに行く飛行機の乗り換えのために一晩泊るだけであったのでホテルのフロントで部屋がきまると翌日のキシニヨフ行きの手続きをするために二階にあるインツウリストのデスクに行って話し合い、はじめて空港で長時間待たされた理由もわかった。

日本の旅行代理店では旅程の一部変更をモスクワで話し合えと言うし、インツウリストではまだ旅程が完了しておらず、東京と電報で交渉中という段階であり、したがって私の旅行計画が本部に決裁済みとして登録されていないということが基本的な理由であった。

私が接したソ連のホテルのインツウリストの従業員はほとんどが中年か若い女性であった

が、今度の旅行で最初に取り付いた女性は運が悪かった――と私が勝手に感じたわけであるが――、血の上ったオールドミスふうな女性で、帰宅時間が迫っていらだっていることもあったのであろう、本部に電話して登録されていないとわかると規則一点ばりであとはなにを話しても終わりまでも聞かずニエット（だめだ！）、ニエットとヒステリックに繰り返すだけで話にもならない。

しかし私の方もソ連滞在のビザをはじめ一応の書類も持っていたので粘ったが結局主任ふうな中年の女性が仲に入って今日は遅いからすべては明朝話し合って解決しようということで入国第一日が終わった。私はここではじめてインツウリストの下部機関が旅行者とトラブルが生じた場合先へ先へと問題を繰り越し結局は時間切れとする典型的なパターンの一つにはまったことに気がついた。案の定翌朝になるとインツウリストの係員は全部交替となり、新規蒔き直しというばかばかしい苦労を重ねたが最後は本部に属する権限ということでそのつど本部とホテルの係員がやりとりするという間接的な交渉でいっこうに埒があかない。

ガガーエフとの約束がなければ急ぐ旅でもないし、行先きについても特定の目的があるわけでもないのでこちらもソ連式にゆっくり構えて交渉し、その結果予期しない所へ行くことも一興ぐらいに思っていたが、すでにガガーエフはオデッサを発ってキシニヨフに向かっている時間ではあるし、変更した場合の連絡も取れずそのことだけが気が気ではなかった。

とにかくすべてはガガーエフに会ってからと、朝から午後二時頃まで粘りつづけ、インツウリストの本部との電話に直接だしてもらって、キシニヨフまで行ってまたモスクワに帰ってくるということで言いくるめてようやくキシニヨフ行きの許可をとりつけた。そのことをホテルのインツウリストの主任に告げると彼女は自分の耳を疑るような怪訝な顔をした。そのことは彼女が今までにさんざん本部と交渉して埒があかなかったことであるからである。

あとになってそのときの経緯を友人に話すと、おまえの語学ではさもあろうと明快に結論をだしてくれた。しかしそれについては私にも言い分がある。モスクワにもロシア語だけなら達者な商社の知人の一人や二人ぐらいは知らないわけではないが今回のトラブルの解決は語学以前の問題がほとんどと判断したからである。インツウリストのトラブルのパターンとその結着については私なりにかなりよく知っているという自信があったからである。

私はなにもソ連に商売や金儲けにやってきたわけではないし、また何らかの使命や日ソ親善のために演説を打ちにきたわけでもなく、正当な手続きと金を払って遊びにきたにすぎない。インツウリストの支離滅裂さかげんも本部に直接乗り込んで話をすればなんとかなるかもしれないと思ったがその時はもういい加減いやになっていた。ソ連において旅程の変更とか、新しいスケジュールを交渉することが可能であっても、その決裁のため、数日または一週間以上の日にちがかかり、スケジュールに合わせる旅行は実際には可能でないことが実状であることを知っているからである。

とにかく数時間予定より便が遅れただけでその日のうちにキシニヨフに発つことができたのでやっと肩の荷をおろした気分になった。

南方の保養地にゆく東欧あたりの行楽客でごった返すキエフ街道沿いのヴヌコヴォ空港を発って二時間余で閑散としたキシニヨフ空港に着くとタラップのところにガガーエフ教授とガイドのナビツカヤ・ユミコが出迎えていてくれた。ガガーエフの古色蒼然たる愛車ボルガでオデッサからかけつけてくれたということであった。

その晩はキシニヨフ・ホテルに宿をとって翌朝オデッサに向かうことになった。ホテルのインツウリストはガガーエフの顔のためか、すこぶるサービスがよく、モスクワのホテルでは無効であるが記念にお持ちなさいと言って返してくれた、日本の旅行代理店で作ったバウチャーと称する宿泊や食事の引換券を書き換えてくれた。これがあとになって役に立ち大いに助かった。しかし基本的なスケジュールの承認はモスクワとの交渉に時間を要するのでオデッサでやってくれということであった。

翌朝食堂にゆくと電話で打ち合わせてあったのか、ガガーエフの友人であるキシニヨフ大学のタトロフ教授が待っていた。戦争でもらった勲章を胸にぶらさげた古武士然とした風貌からコーカサスの民族的な共通性がみられた。

ベッサラビアがモルダビアとしてルーマニアから独立してソ連の共和国に編入されたのは一九四〇年で、きわめて新しい。国土の形もブドウの房を思わせるほどのブドウの産地として有名なところとして記憶していた。ブドウから作るワイン、コニャックに興味をもっていたと言うほうがより正確であろうか。ソ連国土の一パーセントにもみたない小国でありながらブドウの生産高は全ソの三分の一以上であり、コニャックもアルメニア、グルジアをしのいで醸造高は一位を占めている。

私がソ連旅行に惹かれる理由の一つはワイン、コニャックをふんだんに飲めることであ

陽気なモルダビア娘

る。ワインは一瓶単位であり、コニャックも雫ほどに注いだ、ヘンテコなブランデー・グラスを掌で暖めながら匂いをかぐような気障でケチくさい飲み方でなく、コップで百グラム単位でグイ飲みするのが気に入っている。そのかわり銘柄を気にするほどの舌は持っていない。アルメニア、グルジア、ダゲスタン、モルダビア、クリミア、どこのものでも真物であって、三年ものよりは五年ものの方が味がまろやかでうまいと思う程度である。ソ連でもフランスのナポレオンなんかがドルショップで安く買えるが私にはソ連ものの方が口に合うようである。

ロビーでタトロフ教授と論文交換の話などをしたあと、ガガーエフの車で市内見物をしながらオデッサに向かうことになった。

　ロシア人のあいだでプーシキンが人気のあることは想像以上でキシニヨフにもプーシキン名称のモニュメントがいくつも見られた。プーシキンがシベリアの代わりに南方に四年間追放された土地としてキシニヨフ、オデッサ、クリミア、コーカサスと私の行くさきざきの土地は皆おなじみであった。「ジプシイの群れ」「コーカサスの捕虜」「盗賊の兄弟」「バフチサライの泉」「オネーギン」はこの時代の体験から書かれたものである。モルダビアではプーシキンのほかトルストイ、ドストエーフスキイ、レールモントフ、グリボイドフなどの作家がよく読まれており、土地の作家としてはエミリアン・ブーコフ、ボグダン・イストル、アンドレイ・ルパン、ピョートル・クルチエニユーク、ピョートル・ダリエンコなどが著名であるといわれているが私はまだ一人も読んでいない。

　百貨店の前で車を止めてタトロフが降りたが、しばらくすると数本のワインやチョコレート、絵葉書などを抱えてきてお土産としてくれた。ワインは赤の甘口であったがアルコールの度数はワインとしては強かった。

　モルダビアのワインやコニャックには、むかしモルダビア軍が敵に包囲されたとき、コウノトリの大群がブドウの房を口にくわえて飛来し、ついに勝利をおさめたという伝説にもとづいてラベルにブドウをくわえた白いコウノトリのデザインが描かれているのが特色になっている。

キシニヨフ、オデッサ間は一八〇キロほどの道程であるが、ガガーエフのポンコツ車では時速五〇キロ以上の速度は出ず、五時間ちかくかかった。沿道は見渡すかぎりのブドウとヒマワリの畑がどこまでも続き、私には珍らしい田園風景であった。簡単な国境のシグナルを越えてウクライナに入ると、地平線から見る間に黒い雲が湧き、はげしい驟雨となって車の窓硝子を打ったが、しばらくすると雲が走り去り陽がもれた。どこかで見たロシアの名画のような風景であった。

ガガーエフ家に着くと入口に夫人と次男のワーシヤが出迎えてくれていた。発つときなにか日本のもので欲しいものがあったらお土産に持参したいと問い合わせたら、夫人のために頭痛薬と若干の衣類、息子のためにエクスパノメートルをとの返事があって、夫人のサイズは中肉中背と申し添えてあった。

ロシアでもウクライナ地方はとくに中年以後の女性の肥満体が目につく。夫人もここでは中肉中背であっても日本の標準では特大のサイズであって、持参した衣類は一つとして間に合わなかったものと思う。

エクスパノメートルという言葉も私は知らなかった。ロシア語の技術用語は外来語が多く英語のexpansion meterということはわかるが膨張計では、なんのことかわからない。手元にある露和や露英辞典にも載っていないし、ロシア語に堪能な友人にきいてみてもわからなかった。思いあまって知人の紹介でロシア人にきいてみるとカメラの露出計であると簡単に教えてくれた。しかし現在のカメラはプロでもなければほとんどのものは露出計がカメラに内蔵されているので必要なかろうにと半信半疑であった。

長男の方はモスクワ大学の大学院で建築を専攻していることは手紙で知らされていたが、次男のワーシャのことはなにもきいていなかった。しかし会ってみて彼の仕事がオデッサの映画撮影所のカメラマンと知らされてやっと納得した。

ユミコの説明によるとオデッサは横浜と姉妹都市になっており、日本商品の見本市も開かれたりして、日本のカメラ、時計などの工業製品や繊維製品の評判がたかく、十倍ぐらいの闇値で取引きされているということであった。

ガガーエフ夫妻の案内でプーシキン博物館の隣のプーシキン通りのホテル・クラスナヤに行った。ホテルは一応満員であったが予期したように部屋の方は差し繰って都合してく

ホテル・クラスナヤの入口。古い装飾がのこされている

れた。ここは以前、海岸通りのホテル・オデッサとともに一度ずつ泊ったことがある。黒海沿岸はむかしギリシャの支配をうけたことがあるせいかギリシャ様式の建物や名称の名残りが見られる。クラスナヤも入口の双柱が人形になっているのが記憶に残っていた。外観や内部も以前よりは明るく化粧してあるが、裏に回ってみると腐朽がひどく、大修理と厚塗りで支えてあることがわかった。

夜レストランに行くとバンドが入っており、目に青い隈を取ったノー・スリーブ、ノー・ブラジャーの女性がゴー・ゴーを踊っているかとおもうと、隣のテーブルでは農村から来たらしい、子供を交えた大家族がゆったりと食事をしていたり、いかにもソ連の港町らしい光景が見られた。

オデッサという町にはいわゆる名所旧蹟というものはほとんどない。私は以前二回来たことがあり、その後も二回ほどインツウリストを通じて申し込んだが、ホテルが満員という理由でいつも断られた。人口七十五万の黒海沿岸では最大の都市でありながら古くからのホテルがわずかに三軒しかないのである。インツウリストはいつもその代りとしてソチをすすめた。ソチは二十五万ぐらいの町であるがニースやハワイに匹敵する保養地として国際的にも有名であり、いちどに四万人以上もの観光客を収容できる施設を持ち、ホテルの

プリモルスキー並木通りから海岸へ。高さ30メートル、192段。
戦艦「ポチョムキンの階段」として知られている

数もモスクワ、サンクトペテルブルグについで第三位という。いかにソ連がソチに観光地として力を入れているかがわかる。私は天邪鬼な気持ちからではなく保養地や施設には関心がないので断ってきた。

オデッサでは「ポチョムキンの階段」というのが唯一のセールス・ポイントになっている。一九〇五年革命の当時、戦艦ポチョムキン号の反乱の際、水兵と、それに呼応した市民がツァーの軍隊に襲撃され流血で染められたという、十の踊り場がある百九十二段の石の階段である。

しかし私どもの世代では「ポチョムキンの階段」という言葉にたいする連想は革命と戦闘の史実ではなく、エイゼンシテインの名前を切り離して語ることはできない。

エイゼンシテインのモンタージュ理論に私どもがとり憑かれたのは約四十年も以前のことである。一九二五年から三〇年までのわずか五年間に「戦艦ポチョムキン」、プドフキンの「母」、ドブジエンコの「大地」と、ソ連映画の不朽の名作が作られた。これらの映画監督の共通点は芸術とは関係のない職業から転じてきた人たちであったことである。エイゼンシテインは機械技師、プドフキンは化学者、ドブジエンコは学校教師というように。

今日の若い世代やソ連の一般大衆に私どもの世代が感激したほどの大きな感銘があるかどうか、私は疑問に思っている。若い世代には無声映画時代は過去のものであるし、ソ連人についてはエイゼンシテインに「戦艦ポチョムキン」以後どのような映画製作の機会と評価をソ連が与えてきたかをみればわかる。

これらの映画の不滅の評価を今日まで支えてきたものは世界の芸術アバンガルト、大衆であって、ソ連の映画人ではない。

その後の映画も含めたソ連の造型芸術の後退には私はすでに興味を失ったまま長い期間

をすごしてきた。

一九五七年の初めての訪ソのおり、ウクライナのハリコフでソ連では初めてというワイド・スクリーン映画に案内をうけた。「イリヤ・ムーロメッ」という国民英雄の救国史譚で、日本の忍術映画と怪獣映画をミックスした類のものである。私は輝かしいエイゼンシテインやプドフキンの映画芸術の伝統がここまで墜落するものであるかと、強い感慨をその時もった。

その映画は日本にも輸入されたが一流館では封切られず、その後数年経って、場末の映画館の看板で私はそれを見かけたことがある。

トルストイの「戦争と平和」とかドストエフスキーの「罪と罰」とか、近年のソ連の文芸芸映画も私はほとんど見ている。それらの映画の特色はアメリカの映画資本に匹敵する大作主義であっても、かつての映画アバンガルト、エイゼンシテインらの新しい映画芸術としての実験創造の伝統継承とは無縁の軌道である。

一日誘われてワーシヤの勧めている撮影所を見学にでかけたが、連絡がわるく、たまたま内部事情があって見ることができなかった。私はオデッサの撮影所などに特別の関心はないので残念に思うことはなかった。ただ撮影所の入口の壁にドブジエンコのレリーフの像が嵌め込んであるのを見い出した。そのときドブジエンコがウクライナの出身であること、また私のはたち時代の下宿の壁の唯一の装飾品であった「大地」のポスター、――黄色の大地に根の生えたような立体画ふうなグレーの人物とゼムリヤというロシア文字――が鮮やかに記憶に甦った。

そのレリーフを背景に私はガガーエフと並んで写真を撮ってもらった。

ホテルの室で休んでいる時ユミコが四人の日本人旅行団がホテルに着いたと告げにきた。ユミコにしてみれば異国で同胞人に邂逅したのだから、なつかしいだろうから会いに行ったらどうかという口吻であった。

私は日本でとか、外国でとかの意識はもっていないが元来人付き合いの悪いことでは定評がある。しかし食堂とかロビーで顔が合えば努めて挨拶ぐらい交わすようにしているが、近年では外国で日本人に会うことは珍らしくないし、用件でもなければ進んで会うこともないと思っていた。それでも翌日になるとその団体はもう出発してしまったとユミコは残念そうに言った。

日本では二週間でソ連やヨーロッパ一周旅行が流行している昨今、オデッサではポチョムキンの階段で記念写真でも撮ればあとは一晩以上まごまごしている活動家もないだろうとユミコに話しかけたが、意味を伝えるのが面倒くさくなって中途でやめた。

オデッサでは考古学博物館から海洋博物館までガガーエフ夫妻の案内で回った。美術館ではユミコの友人のエレーナ・シエレストワという女性が案内して説明してくれた。

元来博物館とか美術館では私はガイドは断るか、またはガイドの説明は一切きかないことにしている。古いものは歴史画が多く、その絵の故事来歴をきくことで興味が増すかもしれないが、私どもは若いときから絵画から文学的なもの、歴史的な興味、その他あらゆる夾雑物を排除することで造型芸術の本質を追究するといった厳しい訓練を受けてきている。興味があるものは目でたしかめ、ガイドの説明ぐらいは必要があればあとでカタログなり、文献を調べればすむことである。

団体のお上りさんならともかく、これはこれで有名なものだから感心してよく見ろと、お仕着せの説明や感動まで押し付けられたのではたまらない。しかしあとで調べたいと思っても資料がなかったりして困ったことも時にはあった。

知人や紹介で案内を受けた場合は失礼でない程度に我慢して説明をきくことにしている。

エレーナの夫がオレグ・サカロフというアブストラクト・アートの画家であるから会っ

てくれと、たくさんの絵が積み上げられたり、置かれている広い部屋に案内されたがたまたま留守で会えなかった。私の論文はソ連の美術雑誌でよく知っており、参考になることが多かったと言ったりした。ソ連ではアブストラクト・アートのようないわゆるモダン・アートはまだ抵抗があるのではないかと質問すると、許可を得ているからそんなことはないという返事であった。ソ連でも地域によって多少の手加減があるのかもしれないと思った。

記念に作品を差し上げたいというので「山路」というのと、安部公房の「砂の女」というテーマのものを貰った。

あとでユミコにきくとオデッサでは名の通った画家ということであった。

なお最近届いた「ノーボスチ」は彼女、エレーナ・シエレストワがこれまで美術館所蔵の作者不明の作品と信じられていた版画二点が歌麿の作であることを発見したと報じている。彼女がタス通信の記者に語った大意はつぎのようなものである。「どちらの版画にも鳥が描かれており、一羽のきつつきが松の木の枝にとまって、うそやすずめと語り合い、また一羽のほととぎすが花をつけたつばきのしげみで話している。これらの鳥は愛と道徳について話し合っているのである。鳥たちがうたう詩の文句も版画に記されている。

右よりガガーエフ氏、夫人、筆者

これらの作品は歌麿の初期の作品で彼が代表作《あわび取り》《画本虫撰》《百千鳥》などを描いたころのもので二枚の版画は《百千鳥》からのもので一七八九年のものである。」

私は浮世絵についてはは素人であるのでこの発見の価値判断をする資格はないが、彼女がオデッサでは東洋美術の専門家として通っていることを確認させられた。

私にはふたしかな記憶しかないが北斎をはじめ、浮世絵の作者や日本画家のいく人かがソ連の切手になったり、ソ連の各地で展覧会が開催されたのを読んだことがある。ソ連の日本に関する研究は各分野に亘っており、かなり専門的に深いものもあることは承知しているつもりであるが、なんといっても言語の障壁で数が限られており、ぼう大なソ連全土に散らばった資料の中には未発掘のものも数多いとおもわれる。

先に触れたイルクーツクの美術館長のボガーチョフが私の家に見えたとき、たまたま手許にあった東北のこけしをお土産に差し上げたことがあるが、その後かれから貰った手紙がそれを美術館に寄贈したこと、また日本語のわかるものに見てもらったが、底にある文字の意味が不明なので教えてくれという文面であった。ほんの個人的なお土産のつもりのものがわざわざ美術館に飾られることには忸怩たるものを覚えたが、団体の一員として来日したことで、同僚に対する配慮のようなものがあったのではなかろうかとも推測してみたりした。底の文字はこけしの作者名にすぎないものであるが億劫なことにかまけて返事をだすことを忘れていたことを思いだした。

イルクーツクはむかしから日本との交流のふかい土地であり、ハバロフスクとともにナホトカ航路ができてからとくに日本とは近い関係になった。したがって日本語を理解する者が多く、日本人の旅行者としては言葉に不自由をしない土地である。先年ハバロフスクを訪れたときも駅のアナウンスも日本語でやっていたし、日本語科もある外国語学校がウラジオストクにあり、とくに夏期は学生が実習で手伝っているようにきいた。

インツウリストでもモスクワとサンクトペテルブルグには若干の日本語を話すガイドが

いるが、モスクワより南になると一応は皆無ということになっている。

オデッサのインツウリストではガガーエフ夫妻の話し合いで予想したとおりなんの心配もなく快適な滞在であった。しかし休日が挟まったりして本部とは連絡の時間がないのでつぎの宿泊地のヤルタでやってくれということであった。地方インツウリストの権限は当地での旅行者の世話とつぎの宿泊地への電報による引き継ぎと申し送りまでであって、旅行スケジュールの承認のような基本的な問題は本部の指令を必要とするということであった。

ガガーエフ夫妻は私のスケジュールが確認されるまでは責任があると言ってヤルタまで同行してくれることになった。私はいつまでもガガーエフの好意を受けるのは心苦しいのでガガーエフの諒解を得てユミコにも同行してもらうことにした。

ユミコは勤務先の上司に会って休暇の許可を取ってくれるなら自分は差し支えないということであった。私は上司に会ってもろくに話すこともないからと言ったが、とにかく顔さえ見せてくれればよいということでユミコの勤務先の医科大学の副校長に会った。案の定あなたの旅行に必要なだけユミコに休暇を上げましょうという好意的な返事であった。

引き続き海岸通りの船泊公団の所長室にユミコの船の切符の交渉に行った。シーズンでよほど前からでなければ切符は売切れであったが、ここでも私は一言も喋る必要なく顔を出しただけで所長のサインを貰うことができ切符を買うことができた。

船の出る夕方まで緑の多い街並みを散歩しながらオデッサの街との名残りを惜しんだ。日本のものとは違うがカシタンというクリ並木の花穂が盛りであった。飾り窓も北の大都会と違って日常物資の貧しさが目立った。北ではドルのチェーン・ショップはベリヨースカ（白樺）という名であったが、ここではカシタンであった。

ロシアは居よいか住みよいか

私がよく聞かれるのは、ソ連旅行は面白いことがありましたかということである。それはお座なりのこともあり、好奇心からのこともあり、蔑視的なこともあったが、そのつど私の心の片すみにはことばには現わしにくい焦燥感と反発のようなものを感じるのが常であった。そのことはパリは面白かったですかとか、アメリカはいかがでしたか、ということとは多分に異質な内容を含んでいるように思われるからである。行楽や衣食住の一見単純そうにみえる興味や好奇心の裏側に、政治形態における社会主義対資本主義、芸術イデオロギーにおけるリアリズムとモダニズムといった、陰影が細い襞となって縫い合わされている部分への好奇な眼がすわっていることを感ずるからである。

たとえば多くの人はパリを賛美する。芸術的雰囲気や歴史があり、自由があり、対人関係を含めた住みよさについて、あるものは長年にわたる生活の経験から、あるものはヨーロッパ観光旅行の途次の一晩か二晩の滞在であっても、それは事実そのとおりであると思う滞在日数の長短や先入主の深さ、浅さが千差万別であっても、その国なり、町なりを好きになったり、嫌いになったりすることにいちいち理屈をつけるつもりはない。私がたとえばフランス語や他の外国語が自由にできたらパリやその他の国や町がいちばんいいと思ったかもしれない。

私は五度ほどソ連の十五の共和国の中で六カ国二十カ所ほどの都市に短期日滞在したにすぎない。それでも知人のロシア人に、ロシア人の私よりあなたは広くソ連を旅行しているると冗談を言われたことがあるが、こんな他愛のないことは日本でもどこの国でも同じことである。しかし、私のソ連旅行が単純な行楽的な訪問であったとしても、なぜ何回も行ったかという穿鑿に答えることは私には難しい。

ソ連という国の生成過程からくるイデオロギーに対する関心、また明治以来培われたロシア文学の敷衍による先入主の異常なまでの執着が、一見忘れ去られたか、拭い去られたと思いこんでいる人たちの、一見平静な話し振りのうちに時として地下深い溜り水が岩の割目を伝って突然地上に噴きあげるのに似た感情の昂りや断定となって襲ってくることを感ずることが私をとまどいさせる。

私もときたまは雑誌や書籍でソ連に関する紀行文を読むことがある。一カ月くらいでソ連各地を廻った印象記もあれば数年間ソ連に滞在した体験にもとづくものもある。私が読んだ範囲のものではことばも不自由で、また僅かな日数で瞥見して廻った人らの方がむしろ、ソ連に長期間滞在し、ことばにも馴れている人らが書いたものより、思わぬところでより鋭くソ連を見ているものが多いのを、面白いと思った。

もともと地理的にも歴史的にもまた民族的にみても厖大な質量をもつソ連という国をそうそう簡単には理解できるものではない。そうしたときロシア語のできない、通りすがりの旅行者がおかす単純な思い違いよりも、数年滞在し、語学もできるものの確信に満ちた偏見の方がはるかに罪深いものがあるように思われる。

　長期にソ連に滞在しているものとしてはたとえば、大使館員とか貿易商社の駐在員がいる。以前に視察団として初めて訪ソしたとき私たちは一夕、モスクワの日本大使に夕飯の招待を受けたことがある。日本がまだ独立家屋の大使館を許可されず、ソビエッカヤホテルに間借りしていた時代のことである。夕飯の場所はアルバッカヤ通りにある「プラーガ」というチェコ料理店であった。私の隣席の大使館員は共通の話題のないことから、ソ連には初めての客である私どもに、ソ連の料理やビールのまずいこと、消費物資が乏しくて粗悪なためお土産品がなにもないといったような、私どもですら常識として知っていた程度の話題、まったく他意のない世間話を交わしたことを記憶している。

　日本を出発する時さる高名なロシア文学者が、モスクワでは石けん一個で女が自由にできるからと石けんを持っていくことを奨めたりして、さすがに私どもを苦笑させたりした。日本の貿易商社の駐在員も当時は、一流会社のダミーとして別社名で独立した事務所を許されず、ほとんどがウクライナホテルに間借りしていた。その頃の日本とソビエトの関係では外交官でも商社員でも共通していた点は、たとえばパリやロンドンが陽の当たる場所であったならば、モスクワはドサ廻りの足場にすぎなかったということであろう。

モスクワの大使館員や商社員の共通の悩みは日本からつぎつぎに訪れる政治家や、上司、商売上のお得意といった類の接待である。英語が話せないのと違ってロシア語を理解できないということは当然だという常識で、空港の送迎から見物、買物案内に至るすべての雑務がこれらの駐在員に多くの時間を割かせる結果になる。あげくのはてには例の、旅の恥はかきすて式の日本人特有の心安さも手伝って、どこか面白いところへ案内せい、と言われたのでは駐在員もいいかげんいやになるであろう。

そこで先に述べた大使館員のように彼自身の意識としてはソ連についてどの程度の認識を持っているかはわからないとしても、案内に対する客の共通の失望の累積が案内する側の責任の一部かのようにとられることを回避するような意識もあって、ソ連では面白いものは一つもなく、食事はウオッカとキャビア以外はろくなものはなく、お土産はなにもないというような、あらかじめ防御的なことばが吐かれるようにも思われる。

しかし、言葉が理解できなくとも世界でも一級品としてのオペラ、バレー、歴史的建造物、博物館、美術館の類を見て廻っただけでも、一週間や十日そこいらの滞在日数が余るということはない。外務官僚や商社員のことばが客の期待に対する自己防衛的意識から発したものとしても、そこにソ連についての認識次元の低さや不遜さが多分にあることを否定できない。

当時は日ソ間の国交が未回復という事情で、一般にはソ連旅行は先方側の招待という形で行なわれることが多かった。したがって中間の斡旋機関として日ソ親善関係の団体に多少にかかわらず交渉を持つことが普通のケースであった。

親善関係の団体は平等互恵ということを建前にはしていたが、実際には一方は国家組織の機関であり、日本のものは僅かな会員による会費や寄附によって賄なわれていたのであるから先方からの招待はあっても、その逆の場合はほとんどないというのが実状であった。したがって、批判的なものがまったくない親ソ一辺倒の体質が露呈されてもいたしかたのないことであった。多少ともまともな文化人とソ連側との応酬の典型的な例を挙げてみると「私どもソ連は賓客としてあなた方に精一杯の歓待をした。しかるにあなた方は日本に帰ってソ連の欠点ばかり穿くりだし、悪口を書いたり言ったりした。これはあきらかに友好にたいする裏切りではないか」と。それはごく単純な言葉の次元においては常識的であり、すくなくとも善良なソ連の大衆にとっては説得力を持つ言葉のようにきこえる。

しかし腹一杯の人間の前につぎからつぎへとご馳走を盛り上げ、くたくたに疲れた人につぎつぎに観光や観劇を押しつけることがほんとの歓待であるかどうか。ほんとの友好や誠実さというものは時にはそれが真実である場合には相手の欠点や間違いにも触れることもやむをえない。

そのような単純なことすら疎通であるくらいにまだ相互理解が不足していたのである。ソ連の内情は年々急激な変化を遂げつつあるようであるが、基本的姿勢としてそのような傾向が今日でも続いているように見える。

かつてのパステルナークにしても「煉獄の中で」でノーベル賞を授与されたソルジェニツインにしろ当局と外国側との応酬もただソ連の政治的主張と立場を表明したというだけであり、それは交わることのない平行線であって、文学論争とよばれるべきものではない。またインツウリストのガイドはたいてい一流大学の出身で外国語を修得し、ソ連ではインテリの部類に属する。しかしたとえばわれわれ外国人旅行者が彼らにソ連ではいわゆる夜の遊び場はないかと単純な好奇心からたずねたとすると、そくざにソ連にはそのような場所や女がおるわけはないとあたかも目の前に襲いかかる資本主義悪を振り払うような形相で答えるのが普通である。われわれは共産主義理論の原則を訊ねているのではなく、年々変貌していくソ連の現実にそのようなものの実在の有無をたずねたにすぎないのである。

近年のソ連旅行でヤミ屋につきまとわれたり、乞食や酔っぱらいを目にしたり、ときにはいかがわしい女の色目を受けない旅行者がいたであろうか。そのような存在がたとえ社会主義社会の誇りではないにしても、われわれの関心はむしろ、それらの存在をとおしてソ連における人間性の復活の曙光を見い出し、それを国家権力の末端官僚としてのインツウリストの仮面のように空々しい虚像の上に二重写しさせることによって、流れ動くソ連の社会相の一端をうかがわんとしたまでである。

ヴォロンツオフ宮殿から終点に近いプーシキンの銅像の辺りまで、プリモールスキー・ヴリヴァール（海岸通り）をそぞろ歩き、感傷的な回想に耽りながら出港までの時間をつぶした。午後六時の出港であるが南国の夏の陽は高く容易に暮れ馴じむ気配はなかった。

オデッサからヤルタにゆく船に乗り込むために列んでいるときガガーエフが私の腕をとって船尾の方を指さしてマシーナ（自動車）を見ろと言っているのが、とっさに私にはその意味が理解できなかった。しばらくして驚いたことにそれはガガーエフのポンコツ車を貨物用のクレーンで船に積み上げていることがわかった。よく聞いてみるとオデッサで果たせなかった私の旅行計画の承認をヤルタですませたうえで夫妻でその車でモスクワに行くということであった。

私は船の旅行というものはほとんど経験がないが以前にナホトカ航路を利用したとき乗った「バイカル号」とか「ハバロフスク号」に比べて黒海航路の船は幾廻りも大きかった。私どもが乗った「ナヒモフ提督号」の案内書には大きさが記してなかったが、黒海航路の桟橋でよく見かけた「ショタ・ルスタベリ号」や「タラス・シェフチェンコ号」と同じくらいの大きさに見えたからバイカル号やハバロフスク号の五千トン級に対して一万九千トン級であって、かなり大きなわけである。その後ヤルタからソチを経てスフミにゆくとき乗った「ロシア号」も同じくらいの大きさに思われた。両船とも日本人の乗客は一人もおらず各地のソ連人か近隣諸国の行楽客のようであった。

船室に案内した係員から荷物は盗まれるといけないから預けたらどうかと言われたのにもおどろいた。今迄はどこでも、鍵をかけなくともソ連では盗難は絶対にないと誇らしげに言われてきたからである。

上甲板に近いデッキでは簡単なカンバスの寝台が並べられてあり、家族連れやアベックが泊まり込んでいた。食料持参のものも多く、食事時になると網袋からキュウリやトマト、それにコッペパンにハムかソーセージを載せたものを喰べたり、ギターやアコーデオンを奏いて楽しんだりしていた。食堂で飯を喰うということはソ連人にとってはぜいたくなことになっているようである。それでも千人以上も乗っているのであるから食堂は混雑しており席をとるのに骨が折れそうにみえたがガガーエフが要領よくみつけてくれた。幾人かの若い男女が席に挨拶にみえたがそれはガガーエフの学生であった。例によって大仰なメニューを押しつけられてもほとんどは内容がわからないし、わかったところで半分くらいは品切れということもたびたび経験しているので、どこにもあるビーフストロガノフという牛肉の細切りにハヤシライスのたれのようなものを掛け、ジャガイモの千切りのから揚げを添えたものやビーフシュティクス、それに野菜ではトマトやキュウリのサラダばかりをあかずに注文した。ビーフステーキといってもソ連のものは挽き肉のハンバーグステーキのことが多かった。黒海ではどうしたものか魚があまり採れないと聞いていたので魚料理は敬遠した。しかしワインとコニャックの良質のものがどこでもふんだんに飲めるのでそれだけで私には食事に不満をもつことはなかった。

正午ちかく忽然と薄靄を透かしてクリミア半島の南端、ヤルタの海岸が目に映った。アルプカ、ミスホール、リバジヤ、グルブーフと延々七〇キロの大ヤルタの海岸線の直後に一三五〇メートルのアイ・ペトリ峰をピークとする断崖が屏風のように連なっている。船が桟橋に近づくにつれて山の斜面に点在する白亜の建物と糸杉が次第にはっきり見えてきた。船を下りたところでインツウリストのガイドが花束を持って出迎えてくれたが、それで、オデッサからの連絡がいったことを知ってほっとした。ガガーエフは車の積下しに手間をとるので私たちだけ先にホテルに向かった。ホテルは海岸通りの外れに近い「オレアンダ」で玄関のすぐ前に海水浴場が広がっていた。

ガガーエフ夫妻はこんこんとホテルの支配人に私の旅行計画を話し充分に諒解してくれたと、責任を果たした安堵の表情で語った。私にしてみればモスクワのインツウリスト本部の諒解が得られないかぎり解決にならないことがわかっていたが、これ以上ガガーエフ夫妻を煩わすのは本意ではなかったし、ここまでくれば半分以上旅行の目的を達したので、厚く礼を述べてあとは成りゆきにまかせることにした。

翌早朝、辞退するガガーエフ夫妻をホテルの玄関で見送った。ロシアの習慣でガガーエフは私の両方の頬っぺたに接吻してポンコツ車で出発した。ヤルタは海岸からすぐ断崖なので飛行場がなくシンフェローポリまで車で二時間ほどかかり、そこから飛行機でモスクワまで一時間半、汽車で二十三時間の行程であるが、ガガーエフの車では三晩はかかるといっていた。私は最初にキシニヨフでガガーエフに会ったときから、ポンコツ車を運転す

ヤルタの海岸の筆者

る彼の長身の風貌からロシナンテに打ち跨ったドン・キホーテを連想していたが、そのことの真意を伝える自信がなかったのでついに話す機会がなかった。その理由はドン・キホーテとかハムレットとかの文学的な内面的タイプの性格にとられることを惧れたからである。私の言いたかったことは一連の挿し絵の記憶による外貌上の相似からくる親愛感にすぎなかったからである。

ホテルは高層ではなく三階建てで、出入りは気楽であり、私はほとんど滞在中はショートパンツとサンダルで過ごした。玄関前の海水浴場には海水パンツだけで出かけることができた。日が暮れて海岸通りに水銀灯が点される頃になるとその夜景は夢幻的で素晴らしかった。ホテルから一キロほどの散歩道の並木の間から商店の飾窓の灯がかすかに見えかくれ、また、レストランの露台から楽隊の演奏が流れ、桟橋に停泊している客船には電球が満艦飾に点されて闇の中にくっきりとうかび」あがっている。傍らにはワタ飴やアイスクリームを売る屋台があり、アセチレン灯を連らねた縁日をそぞろ歩いた幼年時の記憶が想い出されてなつかしかった。

案内書を開くとヤルタの見どころとしてチェーホフの家庭博物館がまっさきに挙げられている。彼は一八九九年から一九〇四年までここに住み、「三人姉妹」「小犬をつれた奥さん」「桜の園」「可愛い女」などがここで書かれたと記されているが、私はチェーホフには格別の関心はないし、文学散歩的なイメージを押しつけられるのも性に合わないしするのでついに見る機会がなかった。「小犬をつれた奥さん」の舞台になった海岸通り（グリヴァール）にしてもチェーホフの小説からではなく、憂愁に満ちたククルニクスイの一連の挿し絵の記憶からの関心であった。

ククルニクスイはデネイカとともに日本にも早くから紹介されている画家であるが、クロコダイル誌の常連としてほとんどが政治漫画や諷刺ポスターであり、小説の挿し絵もドン・キホーテやゴーゴリの作品のようなものが主で、抒情的なものは珍しかったからである。

名所めぐりは興味がないがドライブを楽しむためにガイドの案内でルーズヴェルト、チャーチル、スターリンのヤルタ会談の場に使われたリヴァディア宮殿に行って三巨頭の坐った大理石の長椅子に腰をおろしてみたりした。ロマノフ王朝最後のニコライ二世の別荘であるイタリア・ルネサンスの建物の前庭は色とりどりの草花で飾られ、紺碧の海が一望のうちに収められた。さらに一五キロほど山路をドライブするとアループカのボロンツォフ宮殿に着く。チュードル様式による城郭建築と回教風の建築をミックスした十九世紀初めのボロンツォフ伯爵の邸宅で灰緑色の閃緑岩の構築と真うしろにそびえるアイ・ペトリ峰と日本的な藤の花房の調和が印象に残っている。内部は博物館として絵画や工芸品が陳列されているがたいしたものではない。宮殿に続いている百七十年前に造られたという自然公園にはカフカズ杉、松、月桂樹、いちい、糸杉、つげ、木蓮や樹齢二百年以上の樫やオリーブの大木など百種以上の樹木があるといわれているが、気候が日本と似ているせいか、日本で見慣れた樹木が多くて私には珍しくなかった。事実日本やスペイン、メキシコから移植されたものが多いということであった。

ホテル・オレアンダをはじめ休憩したホテル・ダブリダにしろこのあたりはギリシャ語の

名称が多い。ヤルタもまたギリシャ語の「ヤロス」（岸）からとられたものといわれている。

ガイドはインツウリスト心得の項目でも暗誦するかのように、ソ連におけるマルクス・レーニン主義を簡単に讃美し、それから顔色を窺いながら軟らかい話題を持ちだしてきた。それは落語などによくある坊主が仏壇に向かってまず経を唱え、それからおもむろに一杯とりかかるといった風情に似ていた。「この国には資本主義諸国と違って夜の女というものはもちろんいないが、私の知っている女の中には不心得な女もいないことはない。あなたはそのようなことに興味があるか」という、内容は女を世話してもいいということであろうが、かなりうまい言いまわしである。私もべつに堅物でもないがソ連でこの種の冒険を試みるほどの勇気もないので話をそらした。しかし晩の酒席への案内には喜んで応じた。

クリミアのマッサンドラ・ワインについてはガイドに誘われなくとも試みるつもりであったのでさっそくガイドに席の予約を頼んだ。ワインホールはホテルから数分の薄暗い地下にあり、ワインの大樽が並べられた前に細長いテーブルがあって、女の子が一杯ずつ客の前に運ぶたびに大樽の前で係りがそのワインについての故事来歴を解説するといったソ連にはよくある観光客相手の無邪気なもので、生ぶどう酒から甘いもの、アルコールの弱いものから強いものと、ヘレス、マデラ、モスカット、ツイナンダーリと九種類ほどの銘柄のものが出された。空いていた席も女性を交えた一団の観光客がどやどや入ってきて満席になった。喋っている言葉はわからなかったが、ガイドがその一団はポーランド人であると教えてくれた。隣りの青年が薄暗がりの中でしきりにカメラのシャッターを切っているのに私もほろ酔いの心安さからガイドを通じて、この光線では無駄であるというようなことを話しかけようかと思ったが、やはり面倒くさくもあり止めにした。酒の強いガイドには物足りないものであったろうが私の方はワイングラスで九杯ほど飲むとけっこうよい機嫌になってその晩はバーでのはしご酒は止めた。

ガイドは日本人の観光客にでも貰ったのであろう、日本製のライターを取り出して、ガスがあったら頒けてくれないかと言ったが私はガスは飛行機には持ち込めないので持っていないと答えた。しかしホテルのドルショップで舶来のライターとかガスボンベを見かけたのでそのことを言うと、ここではライターと抱き合わせでないとガスだけは売らないという返事であった。

このガイドには翌日からのヤルタにおける遠出の計画や、今後の旅行手続きについて相談すると即座に引き受けてくれるのが調子がよすぎると思っていたが、頼んだことがうまくいかなかったからか、あるいは他に良い客ができたのか、その後ヤルタを去るまでついに顔をみせなかった。スフミまでの船の切符を頼んだりしたことで若干のつり銭を返さないことを気にしてのことであったら、チップのつもりでいたので気の毒なことをしたと思っている。外国からの旅行者もヤルタとかソチは視察というような場所ではなく行楽地として休養のため足を止める所なのでガイドにも自然に遊ぶところを求めるため、若干客ずれをしてきたものと思う。

翌日からは海水パンツ一つで部屋からホテルの真前の海水浴場にでかけたり、案内書を調べてなるべく一般の観光客の行かないようなところへ道を尋ねながら訪れた。郷土博物館も歴史・考古学分館や文学分館も坂道を探し探し見つけるのに苦労した。歴史・考古学分館といっても中世紀のアルメニア教会のコピーのドームが一つあるきりの粗末なもので、長い石段を登って入口を探しながら裏手に出ると若いカップルが二組ほど抱き合って熱烈な接吻を交しながら塑像のように凝然としているのに行き当たり、目のやり場に困って早々に表に引き返した。文学館の方も標示を辿りながら探し当てたが閑散として受付もおらず、しばらくするとそれでもどこかの部屋から係りの女性が一人現われた。クリミアゆかりの作家プーシキン、ネクラーソフ、レーシア、ウクラインカ、コチュビンスキー、ゴーリキー、マヤコフスキーその他の作家たちの遺物を紹介したこれもお粗末なものであったが、人気のない館内から露台に出てみると、右手に藤の花房が垂れ下り、糸杉の森をかすめてレーニン広場からレストラン・ゴルカを往復するリフトが眺められた。クリミアゆかりの作家といっても滞在したことがあるといった程度のものをも含むようである。ミッケービチ、ウヤゼムスキー、バーチュシコフ、ヘネジクトフ、ア・トルストイ、マイコフ、クプリン、セラフィモービチ、セルゲイエフツェンスキー、画家としてはレヴィターン、ポレノフ、アイワゾフスキー、ワシーリエフなどがあげられていた。私は道をききながら未知の街を歩くことを楽しんだので探し当てた博物館が粗末であっても失望するということはなかった。

ソ連には千を超える数の博物館があるが内容の充実したものはいくつもあるわけではない。そのことはモスクワでもサンクトペテルブルグでも地図を頼りに探し回ったことで知っていた。せっかく探し当てても、閉鎖していたり、修理中というのも多かった。

ヤルタは歴史的にみても一七八三年にロシア・トルコ戦争でクリミアがロシアに統合されるまではスキタイ、モンゴル、タタール、トルコと戦乱の繰り返しであり、ロシアの古い遺跡などがあるわけはないし、現在ある古めかしい城や宮殿のほとんどはギリシャかトルコの石油成金の類の別荘とか妾宅として建てられたイミテーションである。

食事もオレアンダのレストランのものが一番うまかった。郷土料理をたのもうと思ってインツウリストから貰った案内書を見たがフランス語だけのものでウエイトレスには通ぜず、ユミコもロシア語に直すことができずに苦労したが、それでも「素焼きの壺入シチュー」という肉と野菜をごった煮にしパンでふたをしたものや「きのこのクリーム煮」といった幾品かにはありつけた。飲みものはワインとコニャックでコニャックもアルメニアやグルジアものではなくキエフとかオデッサ銘柄のウクライナの地酒で私には初めてのものであった。ワインはツイナンダーリの白と決めていたがそれは地酒の銘柄が私にはよくわからないので代表的な無難な銘柄ならどこの土地でも船の中でもたいてい間に合うからである。

朝海岸通りに散歩に出ようとして玄関を少し行った所でインツウリストの主任の女性が追っかけてきてモスクワの本部から今電報が入ったことを告げ、私がインツウリストの本部を騙し、勝手に次々と旅行を続けていることははなはだ怪しからんので即刻モスクワに立ち帰り、モスクワ市内に入ることは許さず飛行場から日本に直行するようにとの伝言を伝えた。ガガーエフがあまり顔を利かせすぎて行く先々で現地だけの解決をしたため、結果においてインツウリスト本部をつんぼ桟敷に置いたことになり、十日余りも経ってから、それも電報でお伺いを立てたということで、簡単にもつれが諒解されるものではなかったのである。私もインツウリストと争ってまでも旅行を続ける気もなくなっていたので、後の手続きのことは主任の女性に任せて海岸通りにあるカシタンというドルショップに土産品を買いにでかけた。

ソ連やチェコのカットグラスの酒器や若干の民芸品などを買ってホテルに戻ると、ホテルのインツウリストから呼び出しがあり、主任の女性にあなたは次の予定地であるスフミに行きたいかと尋ねられた。私はむろん船の切符も買った後であるし、できれば行きたいと答えると、彼女は、私は今本部と電話で話してスフミまでは行ってもよろしいという許可を取ってあげたと伝えた。電話の交渉の内容については知る由もないが、電報ではなく電話でなら行き違いについても少しは緩和されようというものである。当初の予定どおり、キシニヨフかせめてオデッサからでも電話でモスクワの諒解を得ておけば問題はなかったのにと悔やまれたが後の祭りである。ここの主任の女性もできるだけのことをしてくれたものと思う。

その日の午後六時に予定どおりヤルタの桟橋から「ロシア号」でスフミに向かった。船は「ナヒモフ提督号」と同じくらいの大きさに見えたがナヒモフ提督号が二本煙突なのにロシア号は一本煙突で様式も多少クラシックで全体に余裕があるように感じられた。行楽客で相変わらず超満員であり、はじめ指定の船室に入るとロシア人の若い夫婦と同室であったがしばらくすると夫婦は別の室に移ったか移されていった。

食事時になると船長が挨拶にみえて私の腕を取って食堂に案内してくれた。食堂は満員であったがそこだけ予約の札がある正面の六人掛けほどのメーンテーブルに導いてくれた。ソ連では乗物でもホテルでも外国の旅行者を優先的に扱う習慣は知っていたが、日本人はほかにいないにしても、これだけ広い船に外国人旅行者がいないということは考えられないし、未開国のサルタンとでも間違えたのであろうとユミコに冗談に言ってみたりしたがなんでこのような待遇を受けるのか私にはついにわからなかった。二回目の食事の時からは遠慮して他の席を探したが事務長が目ざとくみつけて、またメーンテーブルに案内した。それからはあきらめて食事の席はそこに定めた。席がなくて他の客が相席を願っても断わられるのがなんともきゅうくつで私には心苦しかった。メニューは例によって大仰なものであるが内容はろくなものはなく、あってもメニューの内容が理解できなかった。ユミコですらどんな料理であるかわからないのではいたしかたがなかった。

　便利な日本語である「ここのなにかうまいものを見繕ってくれ」ということばを数カ国語教わって使ってみたが通用したことがない。ことばが通じないのではなく、個人個人の好みがあるからメニューというものがあるんじゃないかというように両手を拡げて肩をすぼめられるのには閉口した。それでも時々事務長がサービスに顔を出してメニューになくとも事前におっしゃって下されば特別にお作りしますというので、ロシアの普遍的な特産物と思っているイクラとかカニとかスモークサーモンのようなものを頼んだがすべてなかった。しかし先にも記したように昼からツイナンダーリの白とコニャックをふんだんに飲んでいられるのでそれで不平はなかった。

　翌日は予定より数時間早くソチに寄港したが、理由を聞くと波が高く予定のノボロシスクに寄港できなかったということであった。ソ連の観光局で貰った七、八月の黒海の船の時間表ではロシア号はヤルタ始発で寄港地はソチ、スフミ、バツミとなっていてノボロシスクに寄港のことは記してなかったし、ヤルタ始発でもなくセバストーポリもインツウリストのリストから外されてあるので時間表から削除して辻褄をあわせたので変てこなものになったのであろう。ソチには興味がなかったがどうせインツウリストに逆らった旅行であって、いま少し前に事情が解っていたらセバストーポリやノボロシスクに行ったのにと思った。クリミア戦争を書いたレフ・トルストイの「セバストーポリ物語」も記憶に残っているし、ジッドに同行してここで亡くなったヴージェーヌ・ダビの印象も生々しい。ダビは「北ホテル」を一篇読んだだけであるが好きな作家であった。

けっきょくノボロシスクに停泊する時間を加えてソチには七、八時間を過ごし、夕飯は土地の人に聞いてソチの鉄道駅のレストランに行って済ませ船に戻った。

夜中に咽喉が乾いた時の用意にと上甲板の売店にミネラルウォーターの瓶を買いにゆくと、上甲板ではバンドが入り、若い男女を中心に大勢がゴーゴーのようなダンスを踊っていた。ソ連の船旅でよいことは客室には等級があるが、食堂やその他の娯楽施設には差別がないことである。ついでにバーでコニャックをしたたかやってズボンのポケットをじゃらじゃら鳴らしながら室に帰った。

バーの年老いたウェイターがいたずらっぽく笑いながら、レーニンの像をコイニングした幾通りかの大きな一ルーブル銀貨を釣にくれたからである。

早朝に船はアブハジアのスフミに着いた。簡素な桟橋に数人の客が下船しただけであったのは私には意外であった。スフミはソ連が観光宣伝にもリゾート・ゾーンとして力を入れており、私もかねてバツミとともに一度は訪れてみたいと考えていた土地であった。

外国人旅行者の慣習でインツウリストの出迎えを、探すほどでもない人数の桟橋に思い切り悪く目を遣っていたが、それらしいものをついに見つけることができなかった。

それでもしばらくうろうろしていると手押車を持った年老いたポーターが寄ってきてホテルに荷物を運ぶことを申し出た。ホテルは近くの海岸通りの「アブハジア」であった。

私は最初はポーターがなにかの都合で来られなくなったインツウリストの係員の意を受けて代りに出迎えにきたものと思ったがポーターはホテルの玄関にトランクを下ろし駄賃を請求すると直ぐにどこかに消えてしまった。

ホテルのフロントでは私どものことは連絡を受けておらず、交渉相手のインツウリストもまた日曜日ということでオフィスは休みであり、話のわかるホテルの支配人も九時にならないと出勤してこないということで埒があかず、しばらくは途方にくれた。

私の持っているノーボスチの英文の案内書には「アブハジア」のほかにもう一軒のホテルが記載されているのでそちらと間違ったのではないかと疑ってフロントに糺してみたがどうも外国人を泊めるホテルは現在ではここ一軒きりのようであった。朝食のパンや牛乳を売っている店のほか、喫茶店や食堂が開いているわけもなく、いたし方なく近所の公園のベンチで支配人が出勤してくるまでの時間を潰すことにした。そこかしこにシュロの大木の生え茂っている公園はソ連のどこでも見掛ける年金生活者と思われる老人がただ時間の過ぎ去ってゆくのを待っているといった表情のない顔付きで凝然とそれぞれのベンチを専有している光景が見られた。

出勤してきた支配人を相手に部屋の交渉をすると、インツウリストからはなんの申し送りも受けておらず、ホテルも満員で空きはないというにべもない高姿勢の返事であった。私は時間が深夜でもない早朝のことでもあり、ソ連でのこの種の応酬にもすこしは馴れてきたのでまさか外国人旅行者をこのまま放っておくわけもないだろうという考えと、多少はふて腐れた気分も手伝ってしばらくはわざと押し黙っていた。

支配人は口の中で聞き取れない言葉をぶつぶつ不機嫌な様子で呟いていたが根気負けしたように、なんとか部屋を差し繰ってみるからしばらく待ってくれということで一応の結着がついた。私もほっとした安堵感から残っていた日本のタバコを奨めたりして雑談を交しているうちに気持ちがほぐれてきたのか、趣味の話とか、自慢話のようなものをしだした。

しばらくすると約束通り臨時の部屋を都合してくれた。無愛想なだけでなくほんとに部屋に空きがなかったことは、あわてて客を相部屋に移したり、その後を掃除したりしている様子が吹き抜けのロビーから見えたからである。

翌朝になってインツウリストの主任の女性の出勤を待って話し合ってみると、ヤルタからはどのような引き継ぎがあったか知る由もないが、ともかくモスクワの本部では依然として正規には承認していない、いわばもぐりの旅行者であること、また最初の旅行予定であったバルト三国を廻ってモスクワに滞在するという計画は認めるわけにはいかないというヤルタからの申し送りが要旨であった。

スフミから北に飛んでまたインツウリスト本部を無視した現地解決の旅を続けられたのでは困るという意図が明らかに窺われたが、今迄のことはガガーエフがいたからできたことで、知人もおらず言葉も不自由な旅行者にそのようなことができるわけはないのにと思っても口に出しても詮もないことと諦めることにした。

それでも滞在しているうちにホテルのインツウリストの女性ともいくらかは打ち解けて旅券の期限一杯なら海水浴でもしてここに滞在してはどうかと奨めてくれたり、モスクワでは反故ときめつけた滞在費のクーポンや食券を、ユミコのホテル代に振り替えてくれるといった便宜を計ってくれた。

　ソ連旅行には不合理なシステムがいろいろとあるが、食券などもその一つで朝食券が約四百円、昼・夕食券が約千円に相当するものであるが、日本旅館のように金額の定まった定食という便利なものがあるわけでなく、メニューから注文するわけであるから金額がその都度まちまちであることは当然であるし、支払いはけっきょく、朝食券と昼・夕食券を適当に組合わせて請求額に近い金額になるようにして残りをチップにするか、食券の不足分に現金を足すかして支払うしかないのである。

　おそらくすべてが団体旅行を標準として作られたところからくる制度の矛盾が個人旅行者に持ち越されたものであろう。

　私は今迄の経験から朝食券だけのクーポンを買ってきたのであるが、滞在日数が繰り上がったり、バルト三国やモスクワ滞在をキャンセルしたりすることで残ったクーポンの処理に困っていたのであるが、ここのインツウリストの権限で残りの宿泊クーポンを全部食券に振り替えてくれたのである。キャンセルした分のクーポンは日本に帰ってから手続きをすれば原則としては返ってくることにはなっているのであるが、日数が掛かったり、手続き上ややこしいことがあったりで実際には捨てるような場合が多いようである。部屋も二階の海に面したバルコニー、バス付きの、ここでは上位の部屋を都合して取り換えてくれた。

ユミコはソ連国籍であるから終始バスなしの三階の相部屋であった。しかし彼女の相客はソ連の代議員といった日本の国会議員のような立場にある偉い客が主であった。外国人優遇策というより強引なドル吸収策とでもいうべきものと思われる。そのような傾向は東欧社会主義諸国にも共通してみられる現象であるからである。

このホテルは一九四〇年の建築で四階建て、部屋数は八十八、そのうち、バス・トイレ付きは二十部屋という規模であるが、バツミをはじめ黒海沿岸でも同年代の建築は類形的なものが多い。ソチにしてもヤルタにしても海岸風景が一律の様相をおびているのは、海浜の建物からビーチ・パラソルの類まで画一的なものが多いせいである。しかし近年になってからは徐々にではあるにしても近代建築の様式を採り入れた個性的なサナトリウム、ホテルが競ってできはじめ、ようやく生気を取り戻しつつあるようにみえる。

ホテルの格付けをみるとモスクワをはじめ、サンクトペテルブルグでもヤルタにしても外国人の泊まるホテルはトップクラスと記されたものが多いが、ホテル・アブハジアは一級下の表示になっている。

よくソ連に不馴れな旅行者からモスクワでは粗末なホテルで冷遇され、旅行代理業者に騙されたのではないかというような愚痴を聞かされることがあるが、ソ連ではホテルもすべて国営であり、インツウリストで割り当てるのでハイ・シーズンで旅行者が混雑するモスクワなどでは都心のトップクラスのホテルに部屋がない場合は、たとえば郊外に当たる国民経済博に近いオスタンキノホテルに泊められることがある。そこに泊められた客からはよく、部屋が粗末でバスが付いていなかったとか、南京虫に喰われたとかの苦情をきくことがある。とにかく部屋割りにしろ乗物の遅延変更にしろ客に納得のゆくような説明をしないのが普通であるのでつい臆測で判断しがちになるのもやむをえないことである。

見物のプランをたてるにしてもヤルタやソチのような著名な観光地ならともかくスフミやバツミのような辺境の地になると案内書にはほとんど記載がないので、町の書店で見つけた簡単な観光パンフレットとホテルのロビーにある近郊のパノラマ式の地図に頼るほかはない。市内では植物園とかモンキーセンタ、博物館、近郊ではイベルスカヤ山やリツア湖があるが、インツウリストに相談してみると郊外は団体客本位であって市内見物以外は個人客では無理であるという。市内見物だけならガイドを煩らわすほどのことはないし、植物園のような歩行距離の多い所では、絵葉書に載っているアマゾンから移植した大オニバスとか日本の竹林といった、あらかじめ決められた箇所の幾つかを案内するにとどまるのが普通であり、私には興味がないので市内は散歩がてらぶらぶら歩いてみることにした。スフミやバツミをはじめヤルタやソチにしても観光案内にはソ連には有数の植物園のことが謳われているので私は漠然と珍しい植物や花卉についてのイメージをいつしか勝手に作りあげていたが、実際には日本と気候がよく似た亜熱帯でシュロとかユーカリといったものがいくらか異郷的な情緒を誘った程度であった。したがって日本とは帝政時代から植物の交流が盛んであって、スギ、カエデ、ツバキ、タケ、サクラなど日本およびその近隣の植物だけでも百五十種ちかく集められているという。

ソチでも、デンドラリウム植物園から、日本でも知られている亜熱帯植物研究所の日本産のレモンの台木に世界各国からの観光客が接ぎ木をしたという「友好の樹」というものを見に行った。団体でガイドが案内するものならともかくソ連の観光案内に明記してあるものでも個人で探しながら訪ねるのは意外に骨がおれることが多い。「友好の樹」にしてもタクシーから降りて何度も道をききながら、ひっそりとして人気のない入口にやっと辿りついた頃にはすでに暮色が迫っていた。一本の木にイタリアのレモン、アメリカのネーブル、インドのグレープフルーツなど千三百以上の接ぎ木がされたものであるが、ソ連にはいったいにこのような子供っぽい見世物的なものを好む傾向が強いように思われる。

医学研究所付属のモンキーセンタも私には興味のない所であった。子供が動物園に遊びにゆく程度の興味と知識はあるつもりであるが、つまり素人眼には日本にあるものばかりで決して珍しくはないからである。それでも説明の係の女性は日本人の見学者ということで団体客の後について廻っているのをわざわざ檻の前に手招きして、ここには日本人も研究に来ていたとか、いるとかと言ってみたり、団体の見物客とは別に意識して好意的に説明してくれるので致し方なくひと通り説明に相槌ちを打つふりをして廻らざるをえなかった。

いくぶん興味があったのは郷土博物館であった。石器時代から青銅器時代の展示があり、近年海中から発見された六世紀の古代ギリシャの植民都市ジオスクリアの出土品が目をそそったが未整理のものが多く、係員に目録とか資料についてたずねたがここでは簡単なものすら皆無という返事であった。古い建物を転用したせいか、トイレを係員にきいたが本館にはなく、教えられた裏手に廻った庭の隅にあり、いまどき田舎でも容易に見つけることができないような差し掛けのバラックであった。それでも針金を引っ張ると水だけは流れた。入口に近い庭の一隅に積み上げられた大理石の墓碑の出土品にも興味が湧いたが、それも未整理で放置されたままになっていた。
翌日インツウリストに市内観光を頼むとき、植物園とモンキーセンタ、それに博物館は見たからそれ以外の箇所に連れていってくれるように言った。車は山手の坂道を迂廻しながらスフミ丘という展望台に着いた。港が一望に見渡せる景勝の地ではあるが、それだけの所である。私はつぎはどこへ行くのかとたずねると、あとはあなたがたが見てしまったので、ここでおしまいであると言う。インツウリストのガイドも人間であるから、親切な人やそうでない人いろいろといるのも致し方がないとは思うが、このガイドは不作のようであった。

私はあまりに呆気ない気がして時間も充分にあることであるし、古い寺院にでも行ってみたいと、案内書にもあったようであるし、ガイドに申し出てみると、それはつまらないからお止めなさいと言う。何故か寺院に案内することを頑強に拒むので、それでは場所だけを教えてくれれば単独に行くからというと、やっと渋々寺院の前までは案内するということになった。行く道の車の中でもその服装では中に入れてくれるかどうかわからないというような変なことを言い出したりした。私はオデッサを出てからは船の中でもホテルでも街歩きでもポロシャツと半ズボン、それにサンダルで通してきている。それはなにも、私の創意になるスタイルでもなんでもなく、ここの観光客一般のを真似たにすぎない。海水パンツ一つでホテルから海岸を往復する者もいたし、海水浴場ではさほど異様なかっこうではないはずである。

しかし街中にある、お茶ノ水のニコライ堂によく似た教会の前で車から降ろされた時、やっとガイドの渋った理由がわかった。私はアブハジアの五世紀のピッンダ僧院やノーボ・アフォンスキー寺院といった遺跡として残っている古寺院のつもりでガイドに言ったのだが、彼女の勘違いか、私の言葉の不備からか、連れてこられたのが現在盛業中の教会であったからである。

私は元来宗教にはまったく無縁な人間でこれには思わず苦笑したがいちおう中に入れてもらった。薄暗い堂内のローソクの光の中に聖像やイコンに敬虔な祈祷を捧げるたくさんの信者の異常な熱気に逆転した時間の一齣を見るような古いロシア的な情景を感じて興趣が湧いたがガイドにおどかされているので心ならずも早々に退去した。あとになって外できいてみると信者は外部からの見物（？）を歓迎しているということを知って惜しいことをしたと思った。教会の門を出るところでガイドが、あなたはキリスト教の信者であるかとたずねたことに対して私は咄嗟に、私は日本のコミュニストであるという大人気のないからかいの言葉が口を突いて出てしまった。はたしてガイドは途方にくれた表情を示したが、私はインツウリストの末端組織員で宗教に対する口移しとでもいうべき教條を忠実に守っただけの教養の低い彼女を理解させるだけの言葉の自信をもたなかったので会話はそれで打ち切った。

現在のソ連において宗教がどのように扱われているかという単純な疑問はソ連を訪れる旅行者の誰しもがもつものと思う。それは社会主義と宗教との関係というよりもロシア民族の歴史的背景として骨肉化された長い伝統をもつロシア正教が一九一八年に出されたレーニンの教会に関する一片の布告で消滅するわけがなく、宗教否定の政策がどのような屈曲した径路で庶民層にそれが燻ぶり、変形して潜在しているのかという興味である。

旅行者が公式的見解としてそれを糺す唯一の窓口はインツウリストのガイドである。その興味を助成する理由の一つとしては観光対象の大部分が帝政当時の宮殿とともに各都市や村落にまで散在するおびただしい数の教会である。戦禍や長い歴史の風雪の中で破壊、消滅した教会は巨額な国家資金によって絢爛たる建設時のものに復元されているし、修復途上のものも数多い。そこには単なる歴史上のモニュメントとか民族文化財の保護というよりも教会に寄せるロシア民族の執念の異常さが感じられる。

これらの博物館の表札の掛かった寺院にすら礼拝する信者に対する旅行者の好奇的な視線に応えるようにガイドは、現在のソ連の若い層は宗教については完全に無関心であり、ただ旧時代の老人だけが勝手にお参りすることについては社会に害を及ぼすほどの影響力は無いので政府は寛容な見地で放置しているが、やがては老人とともに自然消滅してゆくものであると、蔑視の眼差しを祈祷者にくれながら説明する。

ソ連の政府があまり触れたがらない現実の宗教の実状とガイドによって代弁される公式見解とではかなり大きな開きがあるようである。多民族国家であるから、南方ではグルジア正教、アルメニア・グレゴリアン正教、中央アジアでは回教、北のバルト三国ではカトリックと宗派が多岐に亘っていることは当然であるが、数量的にみても圧倒的多教を占めるものはめるものはもちろんロシア正教である。

信者の数は五千万人は確実と推定されており、ソ連全域は主教が管轄する七十の管区に分けられている。またモスクワ、ザゴルスク、サンクトペテルブルグ、オデッサには二つの神学大学と三つの神学校があり、通信教育部まで設けられている。

帝政時代のロシア正教が支配権を握ってバプテスト諸派を迫害していたころと違って、ソ連ではいかなる教会も平等であり、信仰は国民の個人的な問題であり、国家も資金的な援助はまったくしていないというのが公式の見解であるが、五千万人の信徒を持つ膨大な宗教団体が国民の物心両面にまったく影響することがないという声明はう呑みにはできない。国からの物資的援助のないことや教会と国家権力との分離についても社会主義国やソ連だけの特質でもなんでもなく、封建時代ならともかく現在の文化国家ならどこでもやっていることである。

トビリシでもそうであったがアブハジアでも黒衣に黒いベールを被った女性に街頭でしばしば行き遇った。ユミコの説明によると近親を失ったものが三カ月とか一カ年の期間喪に服しているのだという。アブハジアのような民族自治共和国では統治上からか信仰の自由がかなり大っぴらのような印象をうけた。

私が古い寺院や墓地に若干の興味を持ったことは美術館や博物館廻りと同じく言葉がいらないということが主な理由であった。ガイドのお仕着せの名所案内には興味がないし、墓地のような所にしても大戦の戦死者のための近代的なモニュメントには案内するが、一般人の墓地まではインツウリストのスケジュールは組まれていない。

ソ連で最初に訪ねた墓地はサンクトペテルブルグのネフスキイ大通りの終点にあるアレキサンドル・ネフスキイ修道院であった。ソ連でも第三位に数えられるほどの十八世紀の大修道院もソ連の案内書には詳しいことは記載されておらず、漠然と芸術家の墓碑が見られる程度の予備知識しか私にはなかった。バスの乗客に教わってネフスキイ通りのつきあたりで降ろしてもらって、探しながら歩いて行きあたった墓地は飛行服を着た戦士の像や兵器、機械を造型化したような墓碑が多くて芸術家のものは探しても見あたらなかった。

しかたなく引き返して橋を渡り、左手の塀の耳門に入ったことについては、通行人に聞いたのか、偶然であったのか記憶にないが、忽然と開けた視界に立琴を抱えたり、笛を吹き、寛衣を纏ったギリシャ神話を摸したような石像の墓碑がつぎつぎに目に飛び込んできた驚きよりもチャイコフスキー、ボロデイン、リームスキイ・コルサコフ、グリーンカ、ムゾルグスキー、ルビンシュタイン、と矢つぎばやに私などの門外漢ですら親しんでいる高名な音楽家の名前を墓碑から読みとったときの華麗さには息を呑む思いであった。気がついたときには夕闇が迫り、閉園時刻もだいぶ過ぎていたようである。入る時と違って出る時は探し得なかった別の道の受付のある正門からであった。

十三世紀のアレクサンドル・ネフスキイ大公にちなんだこの修道院の境内には十一の教会と四つの墓地があり、探しあぐねた初めの墓地がニコルスキー墓地で、芸術家墓地として知られている方がチフビン墓地であり、ドストエーフスキイの愛好者が彼の墓を訪れて立ち寄ることなどは後で知った。墓地は一巡りしたものの墓碑名を一つ一つ読みとる時間と予備知識をもっていなかったためにドストエーフスキイの胸像で飾られた彼の墓の記憶は私にはない。

感銘に似た驚きはモスクワのノヴォデーヴィーチ修道院でも味わった。絵図式の市街地図で地下鉄のスポルティーヴナヤ駅の西北方ということだけは確かめても出口がいくつもある場合は方向に迷った。墓地のそぞろ歩きもチェホフやゴーゴリ、マヤコフスキーは碑を読むまでもなく、写真でなじんだレリーフや塑像ですぐにわかった。歩き疲れて憩うためにベンチを探したとき、ふと真新しい土盛りが目に入った。墓石もなにもないむきだしの土の上にじかに置かれた黒縁額入りの写真に何気なく眼をやったとき私は思わずはっとした。日本にもなじみの深いエレンブルグの顔を思い出すに時間はかからなかった。私は傍のベンチに腰を下ろしてしばらくはエレンブルグの回想に耽けった。柩を埋めた土が安定するまで墓石を積まない措置であると思うが、石像ではない幽鬼に似たエレンブルグの

ノヴォーデーヴィーチ寺院の墓地で。
エレンブルグの墓

リアルな写真の形相が私をしばらく無気味な思いに駆りたてた。

墓地を出てレンガの城壁に沿って修道院の表門に廻るとここでも博物館（ムゼー）の看板が掛かっていた。閑散として人気のない礼拝堂の一つに入ったのはムゼーであるから十七世紀のイコンでも見るつもりであった。しかし何気なく扉を開けた瞬間足が竦んだ。柩を前にして近親と思われる人たちによる葬儀の最中であったからである。このときここは見物するところでないから出ろというようなことであろうと思われる身振りと言葉を喚きながら背後から迫ってくる守衛ふうな老婆を待つまでもなく、私は黙礼して扉を閉め、倉皇として表へ出た。門を出て、歩いてきた方角と反対側にすこしゆくとモスクワ川を見下ろす高台に出た。真昼の陽は高く、空は蒼く澄んでいた。近くのレストランで昼食を摂りながら、一瞬垣間見た暗い礼拝堂の古風な葬儀の情景が夢のように思われた。

私はスフミがわりと気に入ってきた。それはインツウリストがゴーリキーの讃美の言葉を引用したり、スフミ、バツミを中心に結ぶ黒海沿岸に二十五万人を収容する十三のリゾート・センターを建設中というような観光宣伝から受けるイメージとは逆の大げさにいうと文化果つる辺境の海岸町という印象からであった。

シーズンの最中ですら人通りで賑わうのは、商店もほとんどない片側がすぐに海に面した海岸通りだけであって、他の町並みは道いっぱいに樹の枝が覆い被さって昼もひっそりと静まっていた。飾窓を見て歩いても物資の貧しさが際立った。書店も科学技術書以外は私には一語も読めないグルジアかアブハジア語のものばかりであった。ドル・ショップも雑貨を少し置いてあるホテルの売店が一軒きりで、もう一軒あるものは都合で閉鎖中ということであった。私は部屋で飲むためのコニャックを購うために食料品店に行ったがドル・ショップでは千円内外のサイダ瓶の大きさの中瓶が五〜六千円もした。そうかと思うと海岸通りの散歩の途次に観光客の行きそうもない現地人の床屋に立ち寄って散髪してもらったとき、日本人であることが珍しいのか、または好意を示すためか、二言、三言話しかけてきたが全然聞き取れないので首を振って眼を閉じているうちにいつか居眠ってしまった。勘定を払う段になると五カペーク（約二十円）というので五十カペークの間違いと思って一ルーブル紙幣を出したがやはり五カペークしか受け取らず、細かい釣銭をたくさんくれた。料金をサービスしてくれたものであろうが言葉が通じないのでお礼だけ述べてマダムの笑顔に応えた。

街中にある郷土料理ふうなレストランにも数回足を運んでみたが、そのつど満員で席が取れなかった。しかしソ連では普通の料理にしろ、郷土料理にしろ、ホテルのレストランがいちばん高級でうまいということになっているので雰囲気を味わうぐらいのもので料理を喰ったところで珍しいものではなかったであろう。ホテルでも夜は屋上のレストランがオープンされ、宿泊人以外の外来客は下の玄関で根気よく行列を作っていることはモスクワと同じであった。しかし私どものような宿泊の外国人はボーイが識別して直ぐに席に案内してくれた。

中央からアルバイトでやってきたという、四、五人の楽団がおよそ我慢ができないくらいにボリュームをあげっ放しの騒音ともいうべきジャズを演奏し、客はそれにあわせてゴーゴーを踊ったり、飲んだりしてけっこう楽しくやっている。どのテーブルでも若いカップルですら瓶単位でコニャックやシャンペンを平らげているのはさすがである。私も滞在中使いきれない食券を処理するため昼・夜となくコニャック、ワイン、シャンペンを飲んだ。シャンペンにも甘口と辛口、それにスホーエ（生）と三通りあることをここで知ったが私にはスホーエが口に合った。コニャックもグルジア語だけのレッテルの地酒であった。

ある日ホテルの食堂で昼食を摂っていると、あたりが騒めいているので聞いてみるとヨーロッパでの医者の学会の帰路の日本人の団体がキエフからやってくるというのでその準備で忙しいのだということであった。アブハジアは人口五十万足らずの小国であるが百歳を超える長寿者が三百人もいることで、なにかのことから老人医学の波に乗った日本のジャーナリズムを賑わしてから、日本の医者や観光客の団体が長寿村に見学にやってくるようになり、インツウリストも日本人目当ての団体コースをあわてて設定したようにきいている。しかしキエフからの見学団は噂だけでスフミにはついに現われなかった。

朝食は玄関脇の並木に覆われた歩道に面したビュッフェで済ませることが多かった。コーヒーはトルコふうというのであろうか、粉が一杯に入っていて掻き廻すとドロドロする代物でまずくはないが馴れないので粉が沈澱するのを待って上澄みを飲んだ。

ある朝隣りの二人連れのテーブルにルンペンふうな酔っぱらいが入ってきてくどくどと物乞いを始めた。給仕の係の女性は両手を腰に当てて恐い顔付きをして睨んでいるだけで、なんらかの処置をとるということはしなかった。つぎに私のテーブルにやってきたらどうしたものかと私は取り越し苦労をしていた。小銭を与えることはなんでもないが、衆人環境の中でソ連には原則的には存在しないはずの物乞いに銭を与えるということの結果からくる周辺の人たちの感情の動きを測りかねたことが私の困惑の理由であった。しかし幸いなことに——短い時間かもしれないが私には長く感じられた。——奥から屈強なコックふうな男がでてきてやっと街頭に連れだしてくれた。

それからしばらくして街にゆくためにホテルの玄関を出るとさきほどの男が酔いつぶれて歩道に寝ていた。繁華街でも狭い商店の入口に門番のように椅子に腰を掛けた老婆の物乞いに行き当たった。同じ物乞いでもオデッサでは街を歩いていたとき、同じく歩行中の子供をつれた中年の女性にすっと身を寄せられ手を出されたが、低く呟くような言葉に咄嗟のことでとまどいしている間に何事もなかったように行き過ぎてしまったということがあった。それに比べるとアブハジアのそれはかなり堂々として合法的？　であるような感じをうけた。

私はソ連には深い愛着と興味を持っているものと自負しているが、一辺倒の日ソ親善関係の団体の会員ではないから、他の国なみにソ連に物乞いがいたり、酔っぱらいや売春婦がいてもいささかも気になるものではないが、それらのささやかな存在をすら極端に陰蔽したり、否定したりする政策があるとすればそのことには拘泥わるものである。

植物園に行く手前の街角で、酔っぱらいを一掃しようとか空巣のご用心というような稚拙な漫画入りの告示板に足を止めた。形式としては革命の初期にマヤコフスキーらによって始められたボエボーイ・カランダーシ(戦う色鉛筆)の継承ではあろうがここではすでに日本の役所の告示板と同じく形骸だけであって初期の生彩というものが失なわれていた。

海水浴をするためには始めはホテルからすぐの桟橋の近くの海水浴場へ行ったが、翌日行ってみると、なんの理由かわからないが急に遊泳禁止の立札とともに借簀子も一斉に影を潜め、人っ子一人いなくなっていた。桟橋から小型の船で十五分くらいの海岸に正規の海水浴場があることを教わって、次からはそっちの方へ通った。賑わっている一般用の海水浴場に続いてインツウリスト専用の設備の整ったものがあったがそっちは人数も疎らで閑散としていた。海岸は砂浜ではなく黒海沿岸特有の輝くような白い小石で敷きつめられ、海はすぐに深くなっていた。

ほとんどが泳ぐことより波打際で戯れたり、簀子に横たわって肌を焼くのが目的のようであった。

ときどきあなたは日本からスフミに何の用で来られたのかという質問で私は当惑させられた。ただ遊びに来たにすぎないと笑顔で受け流すほかはないのであるが、相手もそれに応えて笑い顔を返してもそれは決して納得をしているのではなく、私が冗談で紛らわしているのか、または何かの都合で真実のことを打ち明けたくないのだろうという受け取り方であった。

日本のように物資が豊かで娯楽にも事を欠かない——と彼らが思いこんでいる——ところから、暇と金をかけてなんの目的もなくわざわざこんな辺鄙な所に滞在しているのかという質疑の意図は呑み込めても、それに対する纏まった考え方を私自身持っているわけではなかった。若い頃と違って海水浴をただ無心に楽しむというようなことも何十年振りかのことであって、長い間の因習と呪縛から軽々しく解き放たれたような心理を詮索する気持ちも私にはまったくなかった。

私は日本人に見られることを回避するというほどの意図もなく、ただの気まぐれからホテルの売店でソ連製の金メッキの腕時計と一眼レフを求め、街や海水浴場に行くときはそれを用いた。そのことではすくなくとも多民族国家で顔付きでは国名を判断し難いソ連で、通りがかりに、日本人と識別されることはほとんどなくなったという効果があった。それまでは身に着けたカメラと時計にまず眼を着けられて日本人と判断され話しかけられることがしばしばであったからである。海岸への行き帰りにユミコもまた日本からのお土産としてあげたパラソルを譲ってくれるように話しかけられて、得意になったり、当惑したりしていたようである。

夕涼みにはときおり桟橋から小型の遊覧船に乗った。海岸に沿ってピツンダ岬の方に行ってまた引き返してくるだけの単調なものであったがそれでも汐風の涼気が気持ちよかった。あるとき桟橋にコメット号と書かれた新型の水中翼船が着いたので近海遊覧用のものと思って聞いてみたらソチとスフミ間の定期船であるという。コメットは八百馬力のエンジン二基で時速は三四ノットとかなりな快速であるが、さらに同航路用としてスプートニク、とかタイフーンという世界最大と称する水中翼船がつぎつぎに開発され、就航しているそうである。

コメットの内部を覗きこんでみると客席から操縦席の計器盤に至るまでそっくり飛行機を摸したもので、ここでもソ連人の好む子供っぽい科学技術趣味が見られたような気がした。インツウリストの簡単な案内には記載がないが、現地にきて事情が解ってくればいろいろな乗物や旅行方法があるものと思った。

モスクワに帰る数日前、散歩の途次に海岸通りの近くにアイロフロートという航空会社のネオンの看板が目に入ったので、ふと取り紛れていたユミコのことが気になって翌朝ユミコのオデッサ行きの飛行機の切符の手配をしに行かせたら、今並んでいる行列は十日先のもので数日後のものは全然駄目という報告であった。オデッサまでは飛行機では二時間足らずであっても汽車では乗り継いで一日以上はかかる不便さで困ったと思ったがインツウリストに頼めばなんとかなるだろうと相談にやったら、インツウリストは外国人旅行者を世話する機関であって、ソ連人の便宜を図ることはできないという一応筋の通った返事であった。しかし念のため航空運賃をドルで支払うがどうかとあまりあてにせず再度伺いをたてたら、ドル払いならOKとさっそく承知してくれた。

出発の前日ホテルのインツウリストにモスクワの空港には出迎えが見えるかということを念のために確かめてみた、するとあなたはインツウリストの未登録の旅行者であるから出迎えはないと、はっきり言い切って、自分でタクシーなりへリコプターを掴まえて国際空港へ行ってくれという返事であった。その時の彼女は滞在中にいくらかは馴染んだふだんの愛敬のよさが消えて、規則違反者に対する意地悪い官僚的な顔付きになっていた。

インツウリストの客はホテルから空港間の送迎はサービスに含まれているのでタクシー

を拾う苦労はしないですむ。今回は乗り換えにあまり時間がないことと、ソ連の国内事情は毎年変化しているので現在はどうかわからないが、私は以前にモスクワの市内でタクシーを拾うことでしばしば苦労した経験が頭のどこかに杞憂として残っていた。

モスクワのフヌコヴォ空港は市の西南方のキエフ街道であり、国際空港は北西方のレニングラード街道で反対方向にあり、ともに市の中心部までは車で一時間ほどの遠距離であるが、市内を通らずに迂回してどのくらいの時間がかかるのか私には予測がつきかねた。私はタクシーがうまく拾えなかった場合、空港のインツウリスト事務所で出発時間に間に合わせるために車の手配を交渉する取り越し苦労を考えてうんざりした気分になった。

スフミからモスクワ行とオデッサ行の航空便は一時間ほどの差しかないので空港へはユミコと一緒の車でホテルを出発した。

ソ連の地方都市のどこにでもある類形的な建築様式の空港の待合室で塔乗を待っていると隣りの席から中年の男が話しかけてきた。プラハからの観光団で職業は医者であると自己紹介して私が日本人であることがわかると人懐っこく日本についての質問を矢つぎばやにはじめたが私の返事がたどたどしいので半分くらいしか通じないようであった。このあたりで出会う外国人観光客はチェコとかポーランド、フィンランドといった近隣諸国の団体客が多かった。

いつのまにかユミコが自分の荷物を席に置いたまま用足しにでも出掛けている間にモスクワ行の搭乗アナウンスがあり、潮の引くように団体客は待合室の出口から消え去っていた。二度目のアナウンスがあってもユミコが戻って来ないので彼女の荷物のことが気になったが、ソ連では盗難や紛失事故は無いだろうし、かえって行き違いがあってはと彼女の荷物はそのままにしてゲートに急いだ。通りすがりの二、三人の人にゲートを尋ねたが要領を得ないのですでに柵は閉ざされていたがとっつきのモスクワ行と標示のあるゲートに無理に割り込んだ。その時やっとユミコがあたふたと見送りに駆けつけてきた。しかし念のためにユミコに便の確認を頼んだらどうも私のモスクワ行の便は別らしいことがわかったので慌ててまた別のゲートからすでに二、三千メートル先の飛行機のタラップの下で搭乗を待っている行列に息を急ききって駆けつけた。

ソ連の国内線はすべて自由席で指定がないのが普通であるがその時に限って私の塔乗券にはシート・ナンバーが指定してあった。指定席はどうということもない中程の窓側であったがしばらくして窓枠の文字を読んでその意味がわかって苦笑した。標示の文字は非常脱出口と書かれたものであった。

二時間ほどの快適な空の旅に身を委ねながら、けちの憑きっぱなしのような、また楽しいことも多かったような今度の旅行の思い出にいつか耽っていた。

モスクワのフヌコボオ空港に着いて飛行機のタラップを降りた所で予期しない私の名が呼ばれ、待ち構えていた屈強な二人の若者に私の両腕を抱え込まれ、インツウリストからの出迎えであると告げられた時は安堵の思いと同時に護送される囚人のような錯覚が一瞬私の脳裡をよこぎった。

2 外カフカズへ

わたしの行くようなところはシーズンでも人気がないところがほとんどであるが、往復の飛行機とか基地の都会が混雑しているのはいやであるし、空いていてもシーズンオフの気候の寒さは苦手なので、その中間の四月下旬から五月にかけての一カ月ほどの期間を考えてみた。

はじめの半分ほどを南の外カフカズのアゼルバイジャンのバクー、アルメニアのエレワン、それからウクライナのオデッサ、モルダビアのキシニヨフですごし、五月に入っていくらか暖かくなったところで北に飛んで、サンクトペテルブルグ（レニングラード）を基地に田舎まわりをする計画をたててみた。

単調で乗り飽きたシベリア経由で往復するよりは、往きはかねてから一度乗ってみたいと思っていた新潟、ハバロフスク線にしたかった。

ハバロフスクから国内線でイルクーツク、ノボシビルスク経由で中央アジアのタシケントに行き、そこからバクーに入ることを希望したが、週一回という便数の都合で結局往復とも東京、モスクワの直行便に落ち着いた。

往きのハバロフスク経由を希望したことについては若干の理由があった。以前ハバロフスクからこの線で中央アジアを旅行したとき、アルマアタからタシケントに至る間であったと思うが、雪をいただいた天山山脈の延々として限りなく続く壮大さに魅せられた記憶が残っていた。

それと一昨年の旅行でのモスクワのインツウリストとのトラブルの不快な思い出のしこりもあった。

一般旅行者と違って、モスクワやサンクトペテルブルグのような観光都市はわたしにとっては経由地か基地にすぎないが、しかし、旅行者が最初に着いたソ連の都市、とくにモスクワで、すでに確認された書類にもとづいてソ連内での手続きやクーポン類の一切が作成され、渡される仕組みになっているのが普通である。

モスクワの係員の質が悪いということではなく、もともと前近代的な機構に、年ごとに旅客が増加するところから、事務が停滞し、わずかな親切心があれば解決するような書類上の不備についても、つい繁忙さから官僚主義的な処置をとることからの悪評であったのだろう。

そんなことから、ソ連内での旅行手続きはできればモスクワを避けたかった。私のスケジュールでは、旅程の一切が終わり最後に東京に発つとき、モスクワに一週間ほど滞在す

TU—154機

る予定になっていた。したがって、万一モスクワでトラブルがあったとしても、私の旅行はすでに完了したようなものである。
また新潟からハバロフスクまでは二時間ほどの時間にすぎないが、わたしには初めてのTU—一五四に乗ってみたい興味もあった。
TU—一五四は後部エンジン三基の百五十人乗り程度のターボジェット機であるが、一九七二年から就航をはじめた、高度な自動化と装置を持つソ連の最新鋭の機種であるからである。

旅行代理店にインツウリストあてのスケジュールを依頼してから、すぐ若干の変更を申し込んだが、今度はあっという間に、すべてが申し込みどおりOKになったのにはおどろいた。一昨年の旅行では、インツウリストのトラブルで散々なやまされたが、その後いくらかサービスが改善されたのか、シーズンオフではないが、ハイシーズンでもないせいもあったのだろう。

ハイジャックの影響で手荷物の検査がうるさいように聞いており、億劫に感じて羽田に行ったが、行先で検査が違い、私の乗るシベリア経由コペンハーゲン行きには従来どおりなんの検査もなかった。

　モスクワの空港でも税関は検査がなく、前回とは雲泥の相違で、インツウリストのデスクに歩いてゆく途中で、向うから近づいた係員からわたしの名が呼ばれ、待つ間もなくホテルの名が告げられ、車におしこまれた。

　ホテルは都心の赤の広場に近いトヴェルスカヤ通りの起点にあるナショナルホテルの隣りで、近年できたインツウリストホテルであった。

　ホテルに着いたときはすでに夕刻であり、部屋がきまると明日はバクーに向かうためホテルを早朝に出発しなければならず、晩の八時ごろまでに、つまりホテルのインツウリストの勤務時間中に、旅行代理店からの書類を証明書や航空券とか宿泊券とかに代えなければならないし、明朝の空港行のタクシーの時間もきめなければならない。それもわずかの時間に係が三度も交替し、そのつど引継ぎが不備のことや食い違いがあり、初めから説明のやり直しといった具合で、モスクワやサンクトペテルブルグのような旅客が輻湊するところでは、手続きに時間を食うことは予期してはいても、到着早々ではうんざりする。

その点いったん地方に出ると日本人に会うこともまず皆無であるし、ホテルのフロントでも名前を告げなくとも、二度目からは顔を覚えて部屋のキーも黙って渡してくれるし、出発時間でも、用があるときでも、向うからさがしだしてくれるので気を遣う必要はまったくないという気安さがある。

インツウリスト相手の旅行では、そういう節(ふし)のようなところが二、三度あり、その第一の節が一日目のモスクワのホテルである。その代わり、あとサンクトペテルブルグまではベルトに乗っているようなもので、黙っていてもきめられたスケジュールどおりに運んでくれるという便利さがある。

カスピ海のバクーに行くための飛行機は正午すぎであるが、ホテルの出発時間は朝の八時であった。空港は国内線用のドモジェードヴォ空港で、車で四十分ほどの距離である。白樺の林を伐り開いた、茫漠とした空港のインツウリスト専用の待合室の客は、私一人で閑散と静まっていた。手荷物の計量が終わってしばらくすると、バクー行の便は出発が一時間ほど延びると係員が告げにきた。

所在ないので九時になるのを待って、ブフェットで朝食を摂るために入ると、客はスチュワーデスや空港職員だけで旅行客はおらず、戸惑っていると、さっきの親切な係員が来合わせて注文を手伝ってくれた。輪切りのコッペパンに塩さけとカルパスを乗っけたものとコーヒーを頼んだ。コーヒーはカップに粉末を入れ、湯を注いだだけのもので、飲めるのは半分ほどであったが、乾燥した空気の中ではひどくうまかった。

待ち時間を持て余していると、色の黒い一団がバスで運ばれてきてしばらく待合室も賑わったが、やがて潮が引くように去って、元のようにわたし一人だけがとり残された。しばらくすると、今度は滑走路の方からスチュワーデスがあわただしくわたしを迎えにきた。時間はまだ定時より一時間も前である。

飛行機はTU―一三四Aという二基のジェット後部エンジン、七十人乗りほどの新しい中距離機で、滑走距離のすくない乗り心地のよい機種であった。席が定まってしばらくすると、一般客がどやどや乗り込んできてほぼ満席になり、結局離陸したのは予定の時間であった。

隣席からマリアという若い女性が、ロシア人特有の人懐っこい調子で話しかけてきた。

やがて日本全土より広いカスピ海が見えはじめ、周辺のどす黒い油溜りのようなものが見え、海中油田の桟橋ややぐらが視界を横ぎった。四時間半ほどの距離と思っていたら案外早く着陸姿勢に移ったので不審に思っていると、時差が一時間あることをマリアが教えてくれた。

タラップを降りようとしたところで、後ろの機内でスチュワーデスが声をかけたが聞きとれなかったのでそのままステップを降り、慣習で出迎えの係員を探したが、見当たらないまま空港建物行きのバスに乗った。

一般乗客の出口で降ろされてうろうろしていると、先程のスチュワーデスが追いかけてきてインツウリストの係員が待っているからと案内してくれた。

出口を振り返ると、機中で隣席のマリアが出迎えの男性と大仰な感じで抱き合って接吻しているのが目に映り、外国にいるという実感のようなものがふっと湧いた。

親切なのや、そうでないのや、感じがいいのや、悪いのがいるというのはどこでも同じことであるが、ここの空港の主任や出迎えの女性はひどく親切であった。客がわたし一人だけという閑なせいもあったのだろう。チッキを待つ間やホテルまでの車の中でも、調子にのってわたしは、必要以上の冗談めいた話までした。

ホテルは、広場に面した新築の「アゼルバイジャン」で、十一階のわたしの部屋からはカスピ海が一望に見渡せた。

彼女は部屋までついてきてくれ、言葉だけでは覚つかないと思ったのか夕方の六時に打ち合わせでロビーで会うことや、明日の案内は自分ではなく別の女性で、朝の十時に一階のサービス・ビューローに来てくれということをていねいに紙に書いてくれた。彼女の本職が中学校の語学の教師であることから、わたしにもそのつもりで応対してくれたのであろうか。

六時に簡単な打ち合わせをすませ、わたしはこういうときの習慣に不馴れなのでお礼に夕食でも誘わなければいけないのかと惑い、そのことを申し出ると、笑って用があるからと辞退してくれた。馴れない会話を操る億劫さから逃れられてほっとした半面と、多少のもの足りなさも感じた。

必要以上に客と親しくしてはいけないとか、贈物を受け取ってはいけないというような、インツウリスト職員の服務規程の大よそのことぐらいはわたしにもわからないわけではないが、実際にはその時の雰囲気や程度問題ということになると、その程度という判定が難しい。

外国との交流が年を追って頻繁になっている現状では、とくにモスクワやサンクトペテルブルグのような国際都市では外国なみにチップをやったり、求められたりするのが普通になっているからである。

夕食は窮屈で味気ないレストランを避け、一人で上階の見晴らしのいいバーですませた。ホテルのレストランはどこでもそうであるが、団体客かそうでなければ、ほとんどがアベックでゆっくり酒を飲んで食事やダンスを楽しむのが普通で、用件も目的もないわたしのような一人旅はきわめてまれであった。

アゼルバイジャンはトルコと隣接し、ソ連の中東といわれる回教の栄えた国で言葉もトルコ系であり、酒を飲みながら流れてくるトルコ調の音楽を聞いていると、異国情緒のようなものが身内に湧いてくるのを感じる。

酔いざましに海岸にゆくために階下に降りたところで、レストランに行くインツウリストの彼女と連れらしいのに擦れ違った。

翌朝指定の時間にロビーに行くとガイドの若い女性がすでに待っていた。

早口にまくしたてる彼女の言葉は、わたしには聞きとりにくかったが、ひとつには無理に聞きとろうとしない横着な下心もあった。

一般にインツウリストの観光案内は、とくにこちらからリクエストをしない範囲では決まってマルクス・レーニン主義に基づく、政治的モニュメントが主で、わたしには食傷気味のものが多かった。しかもガイドの説明する程度なら、苦労して聞き耳を立てなくても、ガイドブックを見た方がよほど詳しくでているので、言葉はよく理解できないがドライブのつもりで行くことにすると申し出ると、几帳面な彼女は、言葉のわからない相手に説明するのはかなわんといった身振りでしばらく姿を消していたが、やがて同宿のオーストラリアの医師という老夫妻を伴って同行することになった。

おかげでガイドの喋ることはそっちにまかせ、わたしの方はガイドの説明に相槌をうつ労が省けて勝手に振舞うことができた。

ソムという医師の方は無口であったが、温容な夫人の方がなにくれとなく話しかけてくれて、早口のガイドの説明をもわたしにわかるように話してくれたりした。

アゼルバイジャンの歴史についてはわたしはなにも知らないが、九世紀からの古い遺跡と古代から燃えつづけているという石油の町の荒々しい採掘のやぐらとの奇妙な調和が、わたしの心を捉えた。バクーがペルシャ語の風の町という意味であることもその印象に沿っていた。

昔の城壁の跡や伝説をもつ望楼、シルヴァンシャフ汗の宮殿でのガイドの説明を背後に聞きながしながら、高台からわたしは幾度かの戦禍による荒廃の街のたたずまいや、伝統を残す古い建物に交わる新しい建築群、そのはるかな視野の果てに続くであろう不毛の砂漠に目を遣っていた。

夕食後は海岸都市によくある様式の海に沿って、延々と何キロも続くアカシアやミモザの並木が海からの風にそよぐ海岸公園を、火照った頬をさましながらいつまでも散歩した。

夜の九時を過ぎても、明るいそれぞれのベンチには塑像のように抱き合って動かないアベックが席を占めていた。

今度の旅行で偶然わたしは行く先々でお祭りに行き会った。

最初のバクーでは、アゼルバイジャン解放のために戦って射殺された、二十六人のコミサールのレリーフの墓前であった。

中東か東南アジア方面と思われる顔付きの代表団が多く、わたしはこれらの人びとから声を掛けられたり、記念写真を一緒に撮られたりした。

わたしは政治状勢には疎いので適当な受け応えができず、まごまごすることが多かった

バクー

が、この時ばかりはガイドの女性が要領よく捌いてくれた。それは時としては、必要以上に外国人同士が親しくなることを警戒しているような印象をすら受けた。

政治ということになるとわたしにはまったくの苦手である。たとえばソ連でイスラエル人に会ったとする。日本とイスラエルとではどうということはないだろう。しかしそこにソ連人が介入してくるとなると話は別である。イスラエルの代わりに中国でも同じだろう。

二十年ほど以前にわたしがソ連を訪れたときは、ソ連にとって中国は最大の友好国であった。顔付きから中国人かと好意的に尋ねられ、日本人と答えると、まあいいだろうといった調子であったのが、それから十年ほど経ってコーカサス地方を旅行した時、戸外のレストランで隣りのテーブルから同じ人定質問の声が掛かり、日本人であるというと、それはよかった、一杯おごろうということになり、滔々と中国批判がはじまった。中ソ論争の華やかな時期であった。

また八年ほど前に中国を訪れた時のことも思い出した。北京に着いて最初の歓迎宴で受けた挨拶は、佐藤反動内閣に反抗してわが国を訪問された勇気あるあなた方を歓迎する、という言葉であった。

それが形式的な挨拶であるにしても、ある戸惑った感情でわたしはその言葉を聞いた。私どもが中国を訪問したのは、技術文化交流のための招待に応じただけのものであり、中国寄りの思想を持ったり、それを要請されたりしたものではなかった。出発の際、世話やきの団体からシナとか、または中華民国、つまり台湾と混同されるような言葉を使わないようにといった類の、つまらない注意を受けたくらいのことである。

旅券の交付も事務的で、佐藤内閣に反抗して出国しなければならないような勇気はまったく必要ではなかった。

しかしその時の感情の戸惑いがまったく無意味のものとは言いきれないであろう。なぜなら、それから五年前はどうであったか、さらにそれ以前ではというふうに考えてくると事態はまったく変わってくる。

わたくしたちは中国の賓客として丁重に扱われたが、劇場に案内されれば抗日をテーマにしたバレー、オペラであり、軍事博物館に行けば、かつての日本軍の残虐行為の展示や資料の累積である。また街の大きな建物の壁面には、米帝国主義の必敗とか、日本の反動政府打倒といった垂れ幕が随所に見うけられる。

わたしは案内の係員に、街で行き交う中国の大衆は日本人であるわたしどもにどんな感情を持っているのかと、つい問わずにはいられなかった。

係員は、日本でもアメリカでも反動政府や支配階級は敵であるが、その国の人民大衆には罪はない。したがってわが国を訪問する外国人は日本人であってもアメリカ人であっても同志であり、街頭でも職場でも熱烈な歓迎を受けるでしょう、という割り切った明快な応答であった。

また帰路の広州で接待を受けた、名前は忘れたが京都大学出身という要人と話した際、かなりの文化人とお見受けしたので、あなたのような知識人がこの国の画一的な思想についてどうお思いですかと尋ねてみた。

わたしは中国における言論の自由がどの程度のものであるかというような予備知識をま

ったく持っていなかった。また初対面のわたしにどの程度の腹を割った話ができるかくらいのこともわきまえているつもりであったが、宴会や公開の席ではなく、散歩の途次の二人きりの会話であったから、ニュアンスで多少の察知するものがあるような期待があった。

「わたしが仮に香港に行ってみたとする。香港にはたくさんの中国人がいるが、思想はそれぞれ違っている。つまり同国人であっても気心がしれない人たちと付き合うのは、長年統一された思想に馴染んだものにとっては煩らわしいことである」それが彼の答えであった。

文化大革命の直前のことであり、わたくしどもが会った幾人かの要人にも変動があったかもしれないが、それを確かめるほどの手立てと興味はなかった。


ソム夫妻もエレワンに行く予定と聞いていたので、車もホテルも一緒と思いこんでロビーでの待ち合わせ時間も約束していたが、わたしが散歩にでかけているあいだに発ってしまったのかロビーにはだれもおらず、しかたなくわたし一人でインツウリストの車で空港に向かった。

ローカル線のためか、飛行機はＩＬ―一八という一九五八年就航のソ連ではすでに旧式になった四発のターボプロッポ機で、電気アンマのような振動が体に伝わった。砂漠やコーカサス山脈が見えるものと期待していたが、雲に遮ぎられて視界は閉ざされなにも見えなかった。

　エレワンの空港に降り立ったところで、またひょっこりとソム夫妻に邂逅した。同じ出迎えの車に乗ってホテルに向かう沿道では、並木の嫩芽が美しく萌えていた。その右手の靄の上にはアルメニアの象徴ともいうべき、大アララット山と小アララット山がくっきりと望まれた。

　わたしがエレワンに来た目的は酒を飲むためであると冗談のようなことを運転手に言うと、街の入口に近いところの建物を指して、これがあなたの好きなものであると説明してくれた。有名なアララット山印の酒の貯蔵庫で、一九四四年に建てられた美しい灰色の凝灰岩の壁面には酒瓶を象どったレリーフが並んでいた。

　ソム夫妻とは当然同じホテルのつもりでいたらレーニン広場に面したアルメニア・ホテルでソム夫妻だけが降ろされ、わたしのホテルは別であると告げられた。ソ連ではホテルの選択はすべてインツウリストの机上で定められることで、客の自由にならないことぐら

エレワンのバザール

いは知っていたが、車が同じであったためホテルも一緒と思いこんでいたので、あわてて短い期間ではあったがバクーからの親切を謝して別れた。

わたしのホテルはサヤト・ノバ通りのアニイという新しい様式のホテルであった。居室の正面ベランダから、富士山によく似た五千メートル余りのノアの方舟の伝説でしられたアララット山がよく見えた。しかし距離にしたら四十キロほど離れたトルコ領である。

メーデーの前日に当ったので街の中心の広場では、お祭りのためのリハーサルが行なわれたりして賑わっていた。それから三日続きのメーデー休日が始まるので街全体がなんとなく浮き浮きした気分で、白い花ざかりのウメやスモモ

エレワンは水が豊富で、いたるところに噴水がある

の並木にも飾りが施され、暗くなると花火が打ち上げられた。

休日のせいか、インツウリストも案内を強要するということもなく、わたしにしても地図や案内書と首っ引きで、探ねたいところもなく、起きたいときに起き、気分が向けば行き当たりばったりでバザールをひやかしたり、露地うらをうろついたりして日と時間をすごした。

街自体が千メートルの高地で丘と渓流に囲まれ、日本の温泉町のような雰囲気にふっとひったりした。

古文書の収蔵で名前ぐらいは知っている、マテナダランに杖を引いたが、休館で中には入れないので近くのビクトリー丘に登ってみた。

車道を避けて、子供や家族連れの幾組かが散策を楽しんでいる山道を、わたしもあとをたどった。日本の初夏の気候で樹や草の様相もよく似通って見えた。空気は乾燥してすがすがしいが、山登りのためかうっすらと汗ばんだ。

展望台から見渡す町の特色はバラ色や藤色、褐色と色とりどりの凝灰岩や軽石、大理石などの美しい石材を使った建物である。しかし、広場から駅に続くオクチャブリスキー大通りでも、裏道や都心をすこし離れた山手には、中東のスラム街を思わせる粘土造りの古い町並みが残っているのが旅情をそそる。

ここのホテルの滞在中、どういうわけか、中年のメイドがよく面倒をみてくれた。ホテルでは日中、外出中に部屋の掃除をしておいてくれる程度が普通で、顔を合わせることも珍しい。

しかしここでは寝ていても平気でやって来て、わたしが起きようとするのを制して、掃除をしながらなにかと話しかけてきた。

たまたま部屋の水道が故障して水が出なかったりしたのが、連休のため修理にはなかなか来てくれず、彼女は掃除の外に、日に何回となく水をバケツで運んでくれたりした。

チップ代わりに、チューインガムのようなつまらないものをあげると、そのたびに、頬や額に接吻してくれるのが、習慣とはいえ、面映ゆい思いがした。

ある時ノックの音でドアを開けると、隣室の若い女性が話しかけてきたが、わたしにはその言葉が通じなかったし、聞きとる努力をするのも億劫な気分であった。当惑していると、メイドの彼女がやってきて、二、三歩離れたところでその女性と話し合いをはじめた。わたしはドアを閉めて部屋に戻ったが、彼女はついに、そのことで説明には来なかった。日本の男性と交歓したかった程度の話であったと思うしメイドもまた、あの日本人は言葉が駄目なんだからお帰りなさい、と言っているようなことと憶測したりした。

近年よくロシア語の達者な知人から、ソ連での女性との交渉の手柄話のようなものを聞かされ、要領を説明されたりするが、酒席の無駄話として聞きながしている。興味がまったくないというほどの朴念仁でもないが、ソ連を一歩出れば、隣りの東欧でも西欧諸国でも商売女なら事欠かないのに、柄にもない無理をソ連や中国のような国でするほどの好奇心や勇気がないだけの話である。

メイドと話をするといっても、いくつも語彙があるわけでもなく、家族の話とか、エレワンの酒がうまいといった、当り障りのない片言のものでしかなかった。

彼女はわたしがウクライナからモルダビアに行くことについて、あなたの旅行は酒の産地ばかりを追っているようだと、笑いながら、それでは明朝この部屋に来るとき、アルメニアのコニャックを一本あなたにプレゼントしましょうと言ったのに、わたしはその日の晩遅くオデッサに発つことをつい打ち明けそびれてしまった。

ソ連でもコニャックはかなりの値段であることに遠慮した気持もあったし、あらたまって別れを告げるのもためらわれるような気分でもあった。飛行機に乗りながらもしばらくはそのことが気に掛かっていた。

エレワンからオデッサまでの飛行もTU—一三四Aによる二時間半ほどの飛行であるが到着がすこし遅れて夜中の一時過ぎになった。

タラップを降りたところでわたしの名が呼ばれ、インツウリストのハシモトと自己紹介されたようにわたしは聞いた。

予め到着時間が深夜ということが分かっていたので出迎えは前もって手紙で固辞していたのであるが、空港の出口にガガーエフ教授夫妻とワジム、ユミコ親子が出迎えていた。

一応の挨拶の後、時間が遅いこともあるし、話は明日ということにして先程のインツウリストの係員の案内でわたしはホテルに行くことにした。

五十歳過ぎくらいのこの婦人をわたしは日本人と思いこんで日本語で話しかけたが、どういうわけか、はじめの一言だけであとは頑としてロシア語と英語だけしか話さず、自分はインツウリストの職員であるということだけを繰り返して、わたしの問いを避けているように見えた。

この年配の女性がここまで辿りついたであろう数奇な運命や古い傷口を、ただ行きずりの客から好奇の言葉で引きだされることを嫌ったものとわたしは勝手に想像して、それ以上の言葉を掛けることを控えた。ホテルは海岸通りのオデッサホテルで彼女とはそのフロントで別れたきり、オデッサを去るまでついに会うことはなかった。

用件や目的のまったくない旅行ではあったが、オデッサだけには旧知のガガーエフと前衛画家のサカロフに会うという目処のようなものがあった。

ガガーエフの新居は3DKぐらいの広さのアパートで明るくはあったが、家具調度は前のを移した関係で、わたしには前の住居とあまり変わっていないように思われた。

夫人の手料理のあと、かれの書斎で専門の比較言語学の論文で、インド、ギリシャ、中国などと並んだ、日本の項で日本語の構造や発達を抜粋して読んでくれたが、ときおり本居宣長とか山田孝雄といった名前が耳をかすめるだけで、専門外で内容についてはほとんど理解できなかった。ただフランスの著書などから、かれが学位と教授号を持つ言語学者として知られている程度のことはわかった。

ソ連旅行をする者なら、だれでも経験する厄介なものの一つに食事がある。

外国人のためのホテルには専用のレストランか、ビュッフェがあって、英語が通用するから、特別の不自由はない。とくにモスクワのような大都会ではなんとか近代化——よその国ではとっくに当たり前の程度のことであるが——が進んでおり、わたしの泊った、モスクワのインツウリストホテルでは、バイキング方式のセルフサービスもやっていた。延々と食事を待たされることが特色というか、悪習というか、それもさすがに変わりつつある。

しかし市中で食事を摂るにはレストランやカフェとか、スタローワヤを探すしかない。ソ連でカフェとは喫茶店ではなく、クロークでいちいち外套や荷物を預ける日本では高級レストランで、スタローワヤとか、ザクーソチナヤになると簡易食堂でセルフサービスの所が多い。

ホテルを一歩出れば、まずロシア語意外は通用しないのが普通で、カフェの献立表の判読にも苦労する。その点、セルフサービスの店は現品が目の前にあるのだから、用を足すにはまだ便利である。

不自由の根元は、食事をする店の絶対量の不足であって、暇のときなら、たどたどしい会話も愛嬌で好意的に扱われるが、混んでいるときはそうはいかない。

それで市中にいるときの、いそぎの食事はたいてい近くのホテルの一階にあるビュッフェで済ますことが多い。市中の食堂ほどではないが、そこでも時間どきには行列ができる。

ホテルの玄関には金モールかなんかを着けた厳めしいドアマンが控えているが、あるとき例によってビュッフェで食事をしていると、ドアマンが入ってきて、並んでいる客の中から若者をつまみ出していった。

オデッサの海岸近くはネコが多い

つまりここは外国人専用の食堂であって、外部からのモグリは違法であるということらしかった。こんなところでも市中のものよりは空いているとか、美味しいというような、いくらかの特権があるのだろう。外貨を払えば、冷えたチェコかフィンランド製の缶ビールぐらいも飲めた。

苦労して探すほどのものではないが、オデッサのように、気の置けない知人のいる所ではホテルのレストランではなく、街の民族レストランにでも案内してもらおうと思ったが、絵描きのサカロフは酒が飲めないというし、ガガーエフはおよそ融通の利かない学者気質で、その方面は無趣味のうえ、車を運転しているので酒は控えるようにしており、うまく話が通じない。

傍からガガーエフ夫人もまた街のレストランよりは自分の手料理のほうが郷土色があるというような、こちらの趣旨を履き違えた口添えをする始末で、結局クラスナヤホテルのレストランか、ウクライナ・レストランといった程度のところに落ち着いた。

いくらかそんな雰囲気のようなものを味わったのはモルダビアのキシニヨフホテルの民族レストランぐらいのものであった。

あらかじめホテルの支配人に話して、料理から酒の銘柄まで紙に書いてもらって、予約までしてあるのだから苦労することはなにもない。

酒倉を模した地下の岩壁で、テーブル、腰掛も酒樽で、民族衣装を着た給仕が食事を運び、シチューにはホフロマ塗りの木匙といったもので、所詮は外国人相手の民芸趣味に過ぎないものであるが、つまらない期待を持たなければ結構気晴らしになる。


アブストラクトアートの画家であるサカロフの勤務する東西美術館は、プーシキン通りのクラスナヤホテルと、それに並んだプーシキン博物館のすぐ隣りであった。

前もって連絡してあったので、サカロフとかれの妻であるシエレストワはよろこんで迎えてくれた。館内は修理の最中で長期間にわたって休館中であったが、職員はまだ取り毀していない部屋で仕事をしていた。

戦前、専門としてわたしが追いつづけたテーマは造型美術と生産技術との関連と接点であり、具体的には一九一九年にワイマールで発足し、デッソウに続くバウハウスの運動が主軸をなしていた。わたしが現在のソ連の前衛絵画に興味をそそられるのは郷愁に似たようなものである。

革命直後のソ連ではバウハウスに参加したカンジンスキー（産学協同の建前から教授と

いう名称の代わりにWerkmeisterかFormmeisterとよばれた。）をはじめ、ペウスナー、ガボの兄弟、マーレウイッチ、ロドチェンコ、タトリン、リシッキー、と多くの作家が、建築、絵画、工芸、印刷美術、舞台装置、写真と幅広い制作と理論を展開した。

もともとこれらの前衛芸術は一九一六年にスイスとアメリカから発生したダダの運動に因を発したもので、基本的な特長は国際主義を前提としており、出身国はロシアであっても、活動の根拠地はパリ、チュリヒ、ニューヨーク、モスクワと欧米の全域に亘っていた。しかしこれらの華々しい活躍も、ソ連では一九三四年ごろからスターリンによる民族復古主義の政策によって退けられ、しだいにソ連から姿を消した。

革命前のロシア絵画は、十九世紀の奇跡ともいえる、ロシア文学の世界的群峰と、同時代の自然主義絵画の巨匠といわれた、レヴィタンを比較した場合、ソ連の評論家ですら、かろうじてチェーホフとの対比で論じたといわれるほど、その水準と社会的な格差は歴然としていた。

その後、ソ連で社会主義レアリズムとよばれた低調な絵画、さらに亜流である日本のプロレタリア絵画——糞レアリズムと揶揄的によばれた——は作品に輪をかけた公式主義的観念論によって、まったくの不毛地帯と化していた。

ソ連の前衛芸術退潮後の古典主義にはわたしはなんの関心も持たず、長い空白の時間がすぎた。

それで現在のソ連における前衛芸術の、解禁とまでは行っていないが、雪解け現象についてサカロフと話してみたかった。

しかし話をはじめて、初対面のかれから政策がからむ問題の核心に触れる会話の難しさともどかしさを悟って、そのことは持ちこした。

かれが見せてくれた多数の制作には、カンジンスキーやデローネの色彩による音楽的リズムの追究や、ミロ、アルプ、マン・レイらのシュルレアリスムのコラージュやフロッタージュ、レイヨグラム等の技法が多彩に織りこまれていた。

そこにはソ連の文化政策の誤りから生じた、四十年余りの空白を埋め、追いつくための懸命な努力の跡が見られた。

しかしサカロフの作品もジャズなどと同じく、モダン・アートと総称され、ソ連当局からは公然とは認容されていない部類に属するもので、思想性の少ない、デコラチーブ・アートの仕事と関連したものが多く、わたしが帰り際にかれから記念に贈られたものも、水彩画のほかに、ウクライナ文様の装飾画と安部公房の『砂の女』の装幀原画であった。

南国オデッサの五月は日本に似た温暖の気候で紅白の桃や梅の花が真盛りであった。それでもときどきは激しい驟雨が舗道をたたき、長い雨足を跳ねあげながら三十分ほどで通り過ぎた。

オデッサ滞在中はガガーエフ夫妻がなにかと気を遣うのに遠慮する気持ちもあって、オデッサ滞在を一日早く切り上げてキシニヨフに行くことをホテルのインツウリストに交渉してみた。

簡単なことでもソ連では旅程変更になるので当てにしないでいたら、それでも電報か電話で先方に掛け合ってくれて、十ドルの手数料でOKを取ってくれた。

その日は昼食をガガーエフによばれていたので支度をしていると急にインツウリストから神学校の見学許可がでたことを知らせて来、これからすぐに案内したいと申し出た。

わたしは神学校などに格別な興味があるわけではないが、前回スフミで古寺院の遺跡の案内をガイドに頼んだら、間違って信者が集まって祈祷の最中の現役の寺院に連れてゆかれた経緯があったので、ソ連ではモスクワ(ザゴルスク)、サンクトペテルブルグ、オデッサと三つしかない神学校を覗いてやれといったぐらいの気持ちであった。頼んでいたこと

オデッサの神学校の墓地

も忘れていたので明日に延ばして欲しいと言うと、先方で待っているから駄目という返事なのでガガーエフの方はその帰りということにしてあわてて出かけた。

神学校は海岸沿いの景勝の地にあった。門を入って来意を告げると、定法通りの黒衣の偉そうなのが出迎え、案内を申しでた。挨拶ののち職名を尋ねると、ガイドの英語のインスペクターというのがわたしには視学官というくらいの語彙しかわからないので、ここでの上の方からの順位をきくと二番目であるという。それで副校長というように解釈した。主教とか司祭とかの僧位については通訳の英語でそれを理解する知識がないので聞くことはやめた。

四年制で百十五人を収容しているという、一

オデッサの神学校の副校長

八二四年創立のこの神学校は南国の日射しが明るく差し込み、各部屋は清潔で陰湿な影はどこにもなかった。
この神学校はオデッサでの七つの監督管区を統轄しており、寄付金の額からソ連全土で信者の数が五千万人は確実と推定されているだけあって、財政的には豊かな感じをうけた。
ひととおりの案内が終わって、かれの居室に憩い、雑談を交わしたおり、あなたはキリスト教の信者であるかというかれの問に、わたしがそうだと答えたことは、そうでないという、すこしばかり言訳じみた返事をする煩わしさを回避した、いわば相槌のようなものであった。
わたしはキリスト教に限らず宗教には無縁

であるが、そうかといって無神論者というほどの積極性もない、つまり宗教に関心とか興味が欠如しているというだけのことであった。

　神学校の見物にしてもひやかしというと語弊があるが、まあそんな程度のものであった。したがって、あなたの洗礼名はという、つぎにくるかれの質問に対してはまったくの無防備であったため、わたしは洗礼をうけるほどの正式な信者ではないというような、苦しい後ろめたい思いをした嘘をつく破目になった。

　わたしにとって、宗教を信奉することの自由、また反宗教活動も同じように自由であるという、ソ連憲法による教条を聞かされることは無意味であるが、念のため現在ソ連における宗教活動と政府との関係を尋ねたが、予期したようなおざなりの返事が返ってきたので、それ以上の追求の無駄を悟った。

　かれの黒衣の下の一見温和な風貌から、管理職としての能吏的なひらめきや、実業家的な狡智さを感ずることは、わたしの宗教に対する無関心の意識下に存在する歪みのようなものであったろうか。

　見送りを固辞したせいか、出発の日の早朝、これから学校に講義に行くというガガーエフと息子がホテルに別れを告げにみえた。

その日は当てもなく日中町や海岸通りをぶらつき、夕方ホテルからキシニヨフに行くために空港に向かった。

3　ペテルブルグ街道のドライブ

キシニヨフの空港に憩っていると、硝子ごしに先発のサンクトペテルブルグ行の飛行機に搭乗中の乗客の姿が見えた。連休をサンクトペテルブルグで過ごす人たちであろうか、タラップの途中で見送人に手を挙げている幾人かの両手には、ライラックの花束と酒瓶があった。

八重ザクラやライラックの満開の並木道、チューリップ、カーネーション、水仙、カラー、その他名を知らぬ草花の匂い立つ公園の花壇、初夏の気候のキシニヨフからわずか二時間でサンクトペテルブルグに降り立ったときは、五月の初旬というのに樹木は茶褐色の冬景色であった。

サンクトペテルブルグ滞在中は、小雨か、陰うつな北ロシア特有の天気で、ネバ川の岸では春を待ちかねた子供が流氷と戯れていた。

ホテルはイサク寺院前のアストリアで、エブロベイスカヤとともに地理的にも便利で、格式のあるホテルであった。以前何回か訪れたときもたいていそのどちらかで馴染みも深かった。どちらのホテルも、全部の部屋がそうばかりではないが、寝台が押入れのように壁に刳り込まれ、厚手のカーテンを引くようになっているのが、古風で珍しかった。そんな寝台はわたしの経験ではサンクトペテルブルグだけであった。

「西欧の窓」としてピョートルによって開かれたこの都は、ローマスタイルのイサク寺院やドイツ人の設計になるアストリアに見られるように、ロシア式の建物や風物に見飽きた目に、久しぶりに爽やかな感触を与えてくれた。

美術館ならともかく、文学作家の遺構を訪ねるという趣味はわたしにはないが、ロシア文学が、古くから日本の読者層に浸透しているせいか、僅かな日程でソ連を訪れる観光客でも、トルストイやプーシキンをはじめ、ゴーゴリ、ツルゲーネフ、チェーホフらの遺跡に関心をもつ者が多いことは、ロシア人にも意外なほどであるらしい。

わたしの友人が週一回ぐらい、かれの自称手内職の関係で上京するたびに、ドストエーフスキイ熱を憑かれたように鼓吹するので、生来の気の弱さから、怖気づいたような気分になり、カザフの流刑地セミパラチンクスのドストエーフスキイ博物館までは行けないが、モスクワやサンクトペテルブルグなら散歩かたがた、墓とか銅像の写真ぐらいは撮ってきてあげようという気になった。

わたしも若いころ、アナトール・フランスやメリメを読んだせいかロシア文学ではプーシキンやレールモントフなどのローマン的傾向の強いものは好んで読んだ。またトルストイ、ドストエーフスキイ、ツルゲーネフ、なども暇にまかせて通読したし、戦後はロシア文学の全集や選集の装幀を幾つもやった関係で、書架に積み上げられてあるものを、再度目を通す機会もあったが、ついに格別な感興を覚えたことはなかった。もちろん文学的素地の問題であったろうが嗜好論ぐらいではドストエーフスキイ狂の友人と太刀打ちする自信はなく、無学さを例によって罵倒されることを恐れるあまりの追従的な意図が主であった。

以前もホテル・エブロベイスカヤに泊ったとき、知人の女性から、ホテルの周辺に散在するドストエーフスキイの小説に関連する遺跡について一つ一つ感激の面持で語られたことがある。

ホテルの窓からも見えるネフスキー大通りにしても、プーシキン、ゴーゴリ、ドストエーフスキイ、ベリンスキイ、ネクラーソフと、ロシア文学の素材と関連には事を欠かないが、ぼんやりしたわたしの記憶の一齣に、日の暮れない明るさのため、疲労にもかかわらず、眠りそびれた無聊の時間を窓際に坐って過ごしたとき、ベーロイ・ノーチ（白夜）という言葉が実感として浮かんだことがあるぐらいである。それもほとんど忘れてしまった小説の内容からではなく、単なる題名からの記憶でしかなかった。

また以前は個人旅行では無理であった、モスクワの南方二〇〇キロのツウラ街道沿いのヤースナヤ・ポリヤーナを訪ねたいと思ったことも、トルストイについての興味からではなく、ロシアの典型的な森や郊外の美しさに触れたいためであった。

もし若干の文学的関心があるとすれば、むしろトルストイの側からではなく、「思出の記」をはじめ、年少のころ愛読した徳富蘆花との関わり合いからであった。明治三十年代の末期に、一言のロシア語も解さず、単身はるばるヤースナヤ・ポリヤーナの僻地にトルストイを訪ねた蘆花の人間形成に関する興味であった。

したがって、わたしにとってはヤースナヤ・ポリヤーナの代わりに、モスクワの北東五〇キロの、作家アクサコフの領地であったアブラムシェボでもよかったし、北方七五キロのロシア正教の本山であるザゴスルクでも変わることはなかった。

ドストエーフスキイの墓のある、アレクサンドル・ネフスキイ修道院も、二度目となると迷うこともない。

ネフスキイ大通りも、町並みが整然としているのは鉄道駅ぐらいまでで、それから先のネフスキイ広場までは、建物も不揃いで、商店の格も落ちた感じで雑然としている。そぞろ歩きを楽しんでいると、以前は探してもなかなか見つからなかった公衆便所が時々目に

チフビン墓地にあるドストエーフスキイの墓

入ったのは皮肉であった。モスクワでも同じようなことがあった。以前は無かったのがその後できたのか、いままでもあったのが、せわしなく、不馴れなため見落としていたのか、どちらか解らないが、それで苦労したのが思い出された。

こんども、地方の小都市を含めていくつかの公衆便所を使ってみたが、総じて清潔とはいい難く、ことに大の方はどこもひどかった。

公衆道徳が普及しているはずの国柄であるから、おそらく絶対数が不足しているものと思う。

ドストエーフスキイの墓のあるチフビン墓地の入口で、切符は本院の方で買ってくれと言うので、すこし先のマノステイルカ川を渡り、取付きの左手の教会の入口で、聖ラザルス墓地のものと一緒に購めた。

小雨の中を、前回と同じくグリーンカ、チャイコフスキイ、ボロディーン、ムゾルグスキイと意匠をこらした数多くの著名な芸術家の墓碑を見て廻ったが、初めての時のような華麗な印象と感激がまったく沸かなかったのは意外であった。それはクレムリンやピョートル宮殿のバリショイ・カスカート（大噴水）をはじめ、ソ連の得意とする金色燦然たるモニュメントの多くが二度目からはそうであったのと同じであった。

ドストエーフスキイの墓を探すと入口に近い、塀際に塀の方を向いているのが見つかった。前回の馳け足の素通りでは目に止まらなかったのも当然であるほど、園内でも良い場所ではなく、塀にひっついてカメラを構えても、広角レンズでもなければ墓の全容は撮れない狭さである。

向かい側の聖ラザルス墓地は、ノーボスチのガイド・ブックを繰ると、ロシアの大科学者、ロモノーソフ、建築家、ボロニヒン、ザハロフ、ロッシなど、十八、十九世紀の有名人の名が連なっているが、芸術家墓地の方が公園化されてゆったりしているのに比べ、こちらは歩道も狭いぐらいに墓石がひしめきあっており、そこから碑銘を探したり、読み取るほどの興味はわたしにはなかった。ただ塀越しに、金色の帽子をいただいたような幾つかの教会の塔が、灰色の雨空に煙って見えるのが印象的であった。

モスクワのドストエーフスキイ博物館がガイド・ブックによれば、地下鉄の駅を出てすぐ左にあるので、通りすがりの人にでも聞いたらわかるだろうと、地図も案内書も持たずに、赤の広場に近いホテルから、乗換えをいれて三つ目のノボスロボッツカヤ駅に下りた。しかしなかなか見当がつかず、幾人かの人に尋ねても首を傾げるばかりで知らないという返事。そこで、たちまち途方に暮れてしまった。

地方都市と異って、モスクワのような大都会になると、各地から集まってきている人たちが多いことと、一文学作家の遺跡などに興味を持つ大衆がまれであることをそれで悟った。

わたし自身モスクワに限らず地方都市でも、行きずりの人から道を尋ねられて返事に窮した経験が再三ならずあった。

また以前一人で四国の八十八カ所の寺を廻ったとき、（宗教的な意図はまったく無かったので、順礼とか順拝という言葉は適当でない気がする。）その土地の若い人に寺の所在を尋ねても知らないというのに行き当たり、怪訝な思いをしたことを、思い出したものだ。

そこでこんどは日を更めて、カムソモール広場に面したレニングラーッカヤ・ホテルからも歩いて近いとあるのを頼りに、地下鉄のカムソモーリスカヤ駅から出発してみることにした。地図で見ると、ミーラ大通りと交差するサドーワヤ通りをサモテチナヤ広場に沿って右に曲がったフルンゼ公園の近くであるが、赤軍中央劇場の隣りであることが確かめられると安心した。星形の特徴あるその建物は写真でよく見知っていたからである。

地図さえあれば町角ごとに表示があるので迷うことはないが案内書と違っていた点は、

近いという距離ではなく、かなり長時間歩かされたということである。

ドストエーフスキイの生家であったマリンスキイ貧民病院、すなわち、現在結核予防研究所の前庭で、わたしは立木のかげと雨模様の暗い光線を気にしながら銅像の写真を撮った。

その銅像を見たとき、わたしは異様な感慨に打たれた。それはソ連に無数に散在する、胸を張った写実的なものとは類を異にした象徴的な塑像であったからである。

ドストエーフスキイを愛好した彫刻家、セルゲイ・コネンコフが、シベリア流刑時代のドストエーフスキイの形象を、二十五年以上の歳月を費やして刻みあげたというこの像からは、限りない苦悩の象徴は看取できても、「死の家の記録」の大空に放たれたワシの自由から未来へつながる明るさへの暗示を汲み取ることは無理であった。

この像からうける芸術的感銘は、ソ連における公式主義的見解のためにその評価が遅れた、ドストエーフスキイの「出口のない絶望」感の優れた形象化の成功にあるものと思う。

一九二八年の創立というドストエーフスキイ博物館が、公開されたのは、一九五六年という時間差からもソ連のドストエーフスキイ再評価の過程は想像することができる。

モスクワのドストエーフスキイ博物館での銅像

赤の広場から近い、レーニン図書館は、最初の訪ソ以来、引き続き、わたしは欠かさず、毎月文献の交換を行なっているなじみの深いものであり、現在の建物は一九二八―一九四一年のものであるが、その玄関の柱頭群の壁面には、プーシキン、レールモントフ、ゴーゴリ、……ツルゲーネフ、トルストイ、マヤコーフスキィ、ゴーリキー等、ロシア文学の巨匠のレリーフが並んでいるが、現在の時点では当然入っていなければならない、ドストエーフスキイの像はない。

ほかの文豪の博物館と比べて、展示物の質量とも貧弱で粗末な館内を、帰路を気にしながら、素通りに近い見方で通り過ぎただけにすぎなかったので、親切に話しかけてくれた老婦人が有名な館長のガリーナ・コーガン女史であったかどうか知る由もなかったが、もしそうであったなら、もうすこしはていねいに見たり、聞いたりしたらよかったと思わないでもなかった。

しかし、しょせんは後になって旅先で、あの時あれを見ておけばよかったとか、買っておけばよかったという思いを繰り返す、いわば下司の後悔というものであったろう。

帰りは地下鉄の駅に出るため、門を出たところで道を案じていると、病院の方からきた医師ふうな中年の婦人が詳しく道を教えてくれ、かの女の帰路の途中まで同道してくれた。

空地には雑草が生え茂り、古びた木造家屋や市電のレールの敷かれた裏町のようなところを抜けると、忽然とノボスロボッツカヤ駅に出ることができた。

サンクトペテルブルグからエクスカーションできる所には以前ほとんど行っているし、その他としては古い木造教会として著名なキジ島ぐらいであるが、ペトロザボーツクからにしても、セットツアーを申し込み、またサンクトペテルブルグに引き返すのも面倒くさくなり、結局はサンクトペテルブルグからモスクワまでのハイウエイの滞在指定地であるロシアの古都ノヴゴロドとトウベリを選んだ。

わたしの旅行クラスはデルックスではないファーストクラスの個人旅行であるから、それぞれの宿泊地まで汽車かバスで運んでくれるものと思っていたら、モスクワまで通しの運転手付きの乗用車「ボルガ」が手配されていた。

運転手（ワリキム）の宿泊、食事も含めた三泊四日のこの旅行の費用はきわめて安い。インツウリストが勝手にアレンジしてくれたものであるが、そのあたりが商業主義の国と違うところであろう。全行程を通じてホテルの部屋もツインでゆったりしていた。

サンクトペテルブルグはモスクワとともに外国人旅行客の受入窓口になっている国際都市であるから、ホテルのフロントもサービス・ビューローも絶えず混雑していた。アストリアホテルでも、言葉が不自由な旅行者がロシア語しか話せない運転手と、四日間も旅をするということについて、あまり前例がないのか、気をつかって、毎日出発時間を問い合わせても、打合せ中とのことで、出発の前夜まで具体的な返事がなかった。

それでも予定日の朝、なんとかペテルブルク街道を一八九キロのノヴゴロドに向かって出発することができた。

ハイウエイであっても昔からの街道で舗装も近代的ではなく、行き交う車もほとんどない田舎道で、見渡す限り沿道は五月中旬というのに一面茶褐色の冬景色で、道路にうっすら雪が積もっている所もあった。

三十分ほど走ってプーシキンやパブロフスク方面の分岐点を過ぎるころになると農家に混じってロシア正教の教会や墓地が目に入る。南下してウスペンスコエと表示のある村落を過ぎるころになると木の芽も目立って青味が増してくるのが感じられる。

沼沢地で地盤が悪いせいか、軒ならともかく、家全体が水平でなく傾斜しているいくつかの農家に、はじめはわたしの目を疑った。

ヨーロッパからソ連にかけてドライブした紀行文の幾つかを読むと、ソ連の物資不足や農村の貧しい様相が書かれている。著者のイデオロギーからくる悪口も多いが、現実的にはわたしにしても同感の場合が多い。

しかし東北に近い日本海側で育ったわたしには、身贔屓目のような感情だがフランスやスイスのデコレーション・ケーキのように美しく豊かな農村風景より、灰色の雪空の下を天秤棒で水桶を担ぐ老婆のいる、貧しいロシアの農家の方に、より親近感を持つことが多い。

ソ連のような閉ざされた国を旅行するものはたいてい表より、裏側を見たいことを希望するようだ。そこで、インツウリストも闊達なところを示し、学者や芸術家との会見や、私宅訪問も斡旋してくれる。

わたしがそれを利用したことのない心情の中には、インツウリストの御仕着せの私宅訪問ぐらいで、いかほどの裏がわかるかという、侮蔑の感情がいくらかあることは否めない。そのことはソ連の農村を見たいということで一層はっきりする。旅行者はモデルコースになっているコルホーズに案内され、ソ連農業の飛躍的達成数字を説明され、乾杯で歓迎される。

しかしそのことでわたしはソ連の悪口を言うつもりは毛頭ない。たとえば北海道旅行でアイヌの生態を見たいと言えば、現実には実在しない昔の民族衣裳で、熊祭りまで再現してくれる観光サービスと似たようなものである。

基本的には同じかもしれないが、中国では形式がいくらか違っていた。都市の団地でも、人民公社の農家でも、ソ連のような指定ではなく、どこでも勝手に名指しで入ってくれという。そういうことで何軒かの団地住宅や農家を訪問した。

ソ連でも中国でも会話の内容は、現在はまだ建設途上で充分とはいえないが、革命前の牛馬に等しい暮らしに比べれば現在は極楽であるといった、口移し的に画一化された口上は無意味であるが、住居のスペースや造作など直接目で確かめることで、生活の実態がいくらかは分かるという効用ぐらいはある。

中国の団地で、台所の鍋や食器類のすくないことを尋ねると、女性の家事労働軽減のため、食事はほとんど職場で済ませるといった類である。

ノヴゴロドはロシアのもっとも古い王国で、ワリヤグからギリシャ（ノルマンからビザンチン）に通じる交易の要衝として、ロシア美術にいくらかは親しんだ者にとっては一度

ノヴゴロドのクレムリン内

風車。ノヴゴロドにて

は訪れてみたい土地である。

インツウリストに立寄り、ガイドは断り、指定してもらった宿はウオルホフ川を渡った右岸のいわゆる〈商業街〉にある、ホテル・サドコであった。

「サドコ」という名前は、日本でもリムスキイ・コルサコフのオペラ「サドコ」でひろく膾炙されている。

かれの音楽はロシアの民間伝承による民謡、詩、絵画と結びついた、お伽話や叙事詩がテーマになっている。「サドコ」もまた、かれの故郷であるノヴゴロドを舞台にした幻想的な伝説が、民族性に深く根ざした独自な旋律となって特色づけられている。

イリメニ湖の海の王の娘、ウオルホヴァがウオルホフ川に変身するといった自然現象の擬人化は、バイカル湖でも豪族バイカルの娘アンガラ（アンガラ川）が、愛人エニセイ（エニセイ川）のもとに走るといった話をきかされた。

ロシアの伝承民話にしばしば見られる類型的なものである。

霧の立ち籠めたイリメニ湖、ロシアの大地を流れる悠久なウオルホフ川、――このオペラの絵画的な描写が、わたしのノヴゴロドに対する先入主となったことは否めない。

サンクトペテルブルグのエブロベイスカヤ・ホテルの隣りで飯を食った、民族衣裳で踊ったり、バラライカのバンドの入ったレストランも「サドコ」という名であった。

その日の午後はワリキムに左岸まで車で案内してもらい、夕方きめた時間に出迎えに来てくれるまで、クレムリン内のソフィア寺院をはじめとする伽藍群の間をうろついて過ごした。

ロシアの石造建築の発祥は十世紀から十一世紀のキリスト教渡来以後のものであるが、そのもっとも古い様式がここに残っている。

翌朝はワリキムの運転で歩いては行けない距離のマヤチイノ湖畔を廻り、ひっそりとしたたたずまいの十二世紀の受胎告知寺院に立寄り、ユーリエフ修道院の伽藍群に足を延ばした。

手前の数棟の丸太造りの木造教会と風車は十六世紀から十七世紀のものを博物館として復元したものであるが、閉鎖されているのを門番に交渉して開けてもらった。

スラブの農家建築に発祥した、民族的色彩の濃い、木造の丸太組の教会は、北部ロシアの各所に多く、修理、復元されて残っている。

有名なキジ島のプレオブラジェンスカヤ教会やコストロマのヴォスコレセニエ・ナ・デ

木造建築の寺院

ブレ教会のような複雑精緻なものより、単純素朴なものの方が見飽きない。
ノヴゴロドの木造寺院の魅力もまた十一世紀の簡素な形式——円屋根と円筒体の組み合わせ、余分なものの一切を省いた、かつてのスラブ民族の信仰と結び合っている、単純で素朴な美しさである。
ノヴゴロド派の聖画像《イコン》にしても、現在ソ連では、トレチャコフ画廊やロシア美術館、ソ連外ではストックホルム、オスロ、バチカン、ワシントンの美術館で見ることができるが、とくに初期のものは、ルブリョーフによって代表されるモスクワ派聖像画の、鮮明、軽快なタッチや、貴族的に洗練された華麗さとは対照的に、素朴で庶民的な表現が特徴づけられている。

現地で見られる古いものは、ノヴゴロドとスズダリの戦闘を描いた十七世紀の聖像画の断片や救世主寺院に唯一つ残された十四世紀のフェオファン・グレークの壁画の断片ぐらいのものである。

古来ノヴゴロドは交易の中心として、ビザンチン、スカンジナビア、カフカズ、アジア、と交流しながらも、もっともロシア民族的な独自性を保っており、そこには封建的圧制に対する民衆の抗議が、宗教的形態として表現されているといわれている。

初期の普遍的テーマである「蛇の悪魔を退治する聖ゲオルギイの奇蹟」や「奇蹟を行なう聖ニコライ」にしても、ノヴゴロド派とモスクワやロストフ派のものを比べて見るとそのことがわかる。

プスコフ、ウラジミール、ポロックなどを経て、ピョトール大帝の時世にペテルブルグ、モスクワを中心に建設された、金色燦然たる寺院も、宗教とともにわたしにはあまり関心がない。

二日目も半日はクレムリンの厚いレンガの城壁内をぶらつき、再度ユーリエフ修道院を目指して歩いたが、道を誤り、マヤチイノ湖の対岸に木造教会を望みながら引返した。

白夜には間があるが、夕食後も明るい時間のすべてを含め、わたしはノヴゴロド中に散

ノヴゴロドのネコ

在している幾十の寺院のほとんどを踏破した。ホテルが、寺院の集結している右岸にあったという地の利もあった。

ソ連の各地、どこに行っても出くわすことは目下修理中の記念建造物である。古都復興の重点都市の一つに指定されているにしても、ほとんど壊滅に近い独軍の襲撃後、ここまで復旧させたロシア人の異常にすら思える過去の民族的遺産への執念にはおどろく。

まだ肌寒い早朝、出発のため玄関に出ると、すでに車の整備に余念のないワリキムの吐く息も白い。

沿道の右に続くイリメニ湖の水平線は空と一体となって霞んでいるが、その対岸のスタラヤ・ルッサのドストエーフスキイの晩年の別荘が博物館になっていることと、「カラマーゾフの兄弟」の大半が書かれた、サンクトペテルブルグのドストエーフスキイの住んでいた家が、近年博物館になったことは、後になってノーボスチ通信で知った。近辺は保養地になっており、現在でもノヴゴロドから船が通っている。当時なかった鉄道もプスコフからそこを通り、これからの道筋であるワルダイに通じている。

トルジョクを過ぎてしばらくし、お昼ごろにはトウベリに着いた。宿は町外れのトウベリの旧名からとったトウバテバという名のホテルでモーテルという英文のネオン看板も添えられてあった。インツウリストで宣伝している、ヨーロッパ方面からの自動車旅行者のための高速道路の要所の一つに当っているせいであろう。ソ連でも自動車旅行者のためのかなり詳しい地図や案内書が出ている。地図にはホテルやキャンプのある町や村、ガソリンスタンド、サービス・ステーション、その他が記載されている。

ホテルでは客は一人も見当たらず、静まり返っていた。部屋が決まるとインツウリストの係員が市内見物の誘いにやってきた。モーテルのせいか町からは遠く周辺は畑ばかりで、一人歩きもできないのでワリキムの車でガイドと町に出かけた。

車の中で聞かされることは例によって町の歴史とか、数字の羅列で、案内される所は、記念碑とか革命広場といったような所で、ロシア民謡で親しまれているヴォルガ川にしても、日本の海や河川の景観を見なれているものには格別な興味を呼ぶほどのものではない。

ガイドが町の中心部で車を止めて案内してくれたのが、閉店時間中であるが特に顔で開けてもらったという、ドルのおみやげ店「ベリョースカ」であった。

若干の買い物をして小銭がないので百ドル札を出すと、お釣りがないという。奥から主任も出てきてすったもんだしたがないの一点ばりでとうとう百ドル分だけ余分な品物を買わされてしまった。

夕食時にホテルのレストランに行くと、なにかのシンポジュームとかで、全員留守で食堂は閉鎖であるという。町中とちがって野中の一軒家では外に出ることもできずぼやいていると、ワリキムがやって来てフロントに掛け合ってくれ、レストランの隣りのバーをやっと開けてもらった。

ワリキムと一緒に酒を飲み、バーのおばちゃんと駄弁っているうちに、いくらか情が移ったのか、閉鎖している食堂から食事を取寄せてくれたりした。

勘定を払う段になると、食事の方はレストラン分でルーブル、酒の方はバーでドル払いという。ルーブルの方は小銭があったので用が足りたが、バーの方は小銭がないので五十ドル札を出すと、また釣銭がないという。

結局いつものソ連式解決法で、バーにあるコニャック、キャビア、洋モクと釣銭分だけしこたま背負わされた。

ソ連では品物の値段が統一されており、どこで買っても同じなので、おみやげのようなものは帰りに品物も豊富なモスクワの「ベリョースカ」で一括して買うつもりでいたが、おかげですっかり荷物が嵩張ってしまった。

ソ連では注意しているつもりでも、計算が不得意なのか煩わしいのか、小銭、小銭と取られて高額紙幣がつい余りがちになり、こんな憂目を見ることがしばしばである。

翌朝モーテルを出発してモスクワに向かったが、しばらくはヴォルガ川が見え隠れし、都市圏に近いためか、沿道からも田園風景がしだいに薄れてゆく感じであった。

途中クリンという町でチャイコーフスキイの住居という看板を見たが、音楽博物館では見ても分からないので立寄ることは敬遠した。モスクワからは北方八十七キロの郊外で、インツウリストの日帰りのエクスカーションコースの一つになっていることもモスクワに着いてから知った。

サンクトペテルブルグのインツウリストからはモスクワの宿は運転手が承知しているからとだけしか言われていないので、ワリキムが案内したナショナル・ホテルのフロントで、そんなお客の連絡はまったく受けていないとがなりたてる、主任というオールド・ミスふうな太った女性に辟易し、またトラブルかとうんざりしたが、ワリキムが代わって弁じてくれ、どちらの間違いか、思い違いか分からなかったがワリキムに付いて、往きに泊ったすぐ隣りのインツウリストホテルで旅券を差出すと、すんなり収まった。

これから空車で遠路サンクトペテルブルグまで引返すという、四日間苦楽をともにしたというと大げさになるが、ロシア人の典型的な素朴さと単純さを持つ、わたしとそう年齢も違わない、五十八歳のワリキムと握手を交わしてホテルの玄関で別れた。

ソ連の旅行制度はもっとも団体客本位であるから、商用やなにかで一つの都市に滞在するような場合ならともかく、あらかじめ許可を得た以外の土地を勝手に旅行できない不便さがある。

インツウリストホテルの隣りにエクスカーションセンタというのが店開きしており、セットツアーとして個人旅行者もまた申込めば近郊に行けるような便宜になっていた。

しかしそれも旅行者の多い一、二の大都市に限られており、地方都市の郊外に行くには一人でもガイド付きの自動車を雇うという制度で、ガイドや費用の点で実現が無理な場合が多い。

旅行者に責任を持つ親切な趣旨を謳ってはいるが切符さえ売ってくれれば一人歩きできる旅行者にとってはこれほど不合理な制度はない。

モスクワから宿泊はできないが日帰りのコースとして、ザゴルスク、ヤースナヤ・ポリャーナ、ゴールキ、ロストフと十幾つがあげられている。

ノヴゴロドをはじめ、南から北まで古寺院やイコンも飽きるほど見てきたし、郊外もサンクトペテルブルグからモスクワまでのドライブでいちおう堪能したので、モスクワに落着いてみると、往きに考えていた郊外見物も気分がのらなくなっていた。

どこの大都市でもそうであるが地下鉄がどんどん郊外に進出しているのに目をつけて、これらのセットツアーを調べてみると、その中の幾つかが地下鉄を利用して行けることがわかった。

遠方であっても地下鉄なら許可を取る必要もないし、幾度乗換えても五カペーク（二十円）の均一料金である。時間の制約もなく、ガイドの説明を気にかけることもなく気侭に振舞うことができる。

以前にも書いたことがあるが、わたしの性に合わないことは博物館や美術館での団体見学というやつである。わたしは仕事や勉強のために旅行をするということがほとんどないため、旅先でも乗物や宿泊のスケジュール以外はノートを取るという習慣を持っていない。

博物館や美術館でもパリのルーブルとか、サンクトペテルブルグのエルミタージュクラスになると、素通りに近い歩き方をしても半日はかかるところをわずか二時間ぐらいで、それも自分の関心による選択からではなく、あらかじめ決められた数点の前で、ガイドの長口舌を聞かされ、作品をよく見る暇もないぐらいに熱心にノートを取っている団体によく行き会うが、これらの作品の前に膠着した人波を掻き分けて前に進むため、わたしにはいわゆる有名な作品というものを見過ごすことがしばしばあった。ちなみにバスツアーから拾ってみると乗物による往復時間も含めて、エルミタージュ、二時間半、トレチャコフ美術館、三時間となっている。

もともとそれほどの関心もないことが主な理由であるが、いくらかの天邪鬼な気分も手伝っていることもあるだろう。そんな時いつも頭を掠めることは、わたしをも含めて、たとえばダ・ビンチに見入る、真物の作品を見ているという先入主からくる満足感と感激の目の前の作品を、それほど精巧でなくてもよい模写や複写と掏り換えてみたところで、それが見破られることはまず絶対にないだろうという確信であった。

博物館、美術館と同じく言葉を必要としない理由で、バレーやオペラ、コンサートホールには行くが、芸術座をはじめ、演劇や映画はほとんど観たことがない。

中国で幾つかの演劇に案内された時は、接待側であらかじめ用意したレシーバを渡してくれて、劇の筋や会話の要点を同時通訳のような形でやってくれたので理解できたが、ほかではそんな行き届いたサービスは受けたことはない。

上海の博物館に行った時も招待側の案内を断って一人で見て歩いた。人気のない館内を、乾燥した空気のせいで鳴るクツの音を気にしながら歩くと、節電の目的からか、ひっそりと館員が後から見え隠れして付いていきながら、わたしの行く先の部屋の電灯を点け、通り過ぎた部屋のスイッチを丹念に切っているのがなんとなく気にかかった。

ソ連でも、はやらない専門博物館や美術館で幾つかそんなことがあった。その場合は頼んだわけではないが、いつでも専門的な説明や質問があれば応える親切心からで、そのついでにやはり節約の習慣から電灯を点滅したものであろう。

地下鉄を利用できる郊外のコローメンスコエ村は駅からも歩いて行けるほどの距離であった。

コローメンスコエ村の木造教会

例によって大よその方向だけを尋ねながら見当をつけて歩くと、森の梢越しに典型的なロシアの寺院様式である青地に、金の斑文を散らしたネギ坊主状の屋根が見えてきた。

モスクワ州でも寺院建築としては有数なヴォズネセニエ教会（一五三二年）は修理中で内部に入ることはできなかったが、芝生に散在する、古びて黒光りのする丸太組の教会や、木造家屋の幾つかがわたしには興味があった。

しかしピョートル大帝やツァーたちの別荘のあった、ロシアの木造宮殿の粋を描いた、十八世紀のギルフェルデングの版画に見るような往事の壮観は偲ぶべくもなかった。

木彫、聖像画、金工品、陶器等を蒐めた博物館になっている寺院は、ちょうど蓋を取って死体を露わにした柩が二つ安置され葬儀の最中であった。バスで着いた一団の観光客とともに戸惑いながらも、会葬者の後に付いて焼香の真似事のようなことをしながら、わたしには珍しい情景にしばらくは佇んでいた。

教会の下はモスクワ川がゆったりとうねって流れ、日溜りの芝生の斜面には教師に引率された児童の群れが屯している、のどかな景観であるが、それでもモスクワの市街から押しだされたアパート群が迫っているのが遠く望まれる。

モスクワの緑地は市面積の三五％を占めているといわれるが、それでも年々膨張する住宅の進出に対して、コローメンスコエはクスコボとともに、モスクワ近郊の有数な緑化地帯として、保存、改修のための特別な措置が講じられている。

コローメンスコエからモスクワ川に沿って谷一つへだてて、見馴れた寺院様式とは異った、貯水塔のような感じのバプチスト派の寺院が聳えている。これも寺院建築として有名なジャーコヴォの聖ヨアン教会（一五四七―一五五四年）である。

道のない裏手の崖をよじ登ると、四面墓地に囲まれた教会は固く門扉が閉ざされ、人影もなく静まり返っている。

墓石の中には比翼塚が多いのも珍しいし、生前の写真を石に焼付けたものも幾つかあり、いたいけな幼児や子供のものにぶつかると、墓石から親のなげきがじかに肌に伝わるようで、歴史の流れとは別な、ロシアの庶民の哀歓のようなものが身にしみてくる。

夕方モスクワを発つという朝、これも地下鉄を利用できるクスコボに行くことを思いついた。

宮殿博物館になっている、旧地主シェレメーチェフ伯の別荘を見るのが目的ではなく、

クスコボの宮殿

モスクワの郊外を最後に見ておきたい気持ちからであった。

　モスクワから鉄道ではゴーリキー線のクスコボ駅下車となっている。すこし歩きではあるが、近年地上に延びた地下鉄のリャザンスキー・プロスペクト駅からもさほどの距離でないことを確かめた。

　鉄道線路と環状道路を横切るとすぐに公園で白樺の林が果てしなく続いていた。わたしが経験したロシアの郊外では、林としてはここがいちばん美しく、歩き続けて飽きるということがなかった。

　やがて小川に突き当たり、それに沿ってしばらく行くと池が開け、対岸に写真でも見知ったクスコボ宮殿が蜃気楼のように忽然と浮び上がった。

宮殿はロシア的な雅致に富んだものではなく、当時の物持ちがよく真似たような、建物や庭園の配置にしても、ベルサイユ宮殿を小形にしたようなもので、陶器博物館と銘うった、ロシアや東西諸国の古陶類にしても、格別目をひくほどのものではなかった。

宮殿から池を四半周ほどのところに眺望のよいレストランがあったので、食事とビールを注文すると、生ビールは別で、隣りで買ってくれという。二十人ぐらい行列している後に並ぶと、若い男が近づいてきて、外国人旅行者なら並ぶことはないと親切に声をかけてくれ、カウンターからすぐジョッキを持ってきてくれた。

食事後も人懐っこく、ぜひ庭園を案内したいというので、好意を無にするのも悪い気がして、無駄話をしながら引返し、庭園や建物の説明をきいた。

しばらくしてまたビールで飲もうかというのに、食事後なので辞退すると、それではお茶はどうかという。

モスクワのような大都市の街頭では、先を急ぐのか忙しげに往き交う人が多く、ものを尋ねても親切に応えてくれないのもいるが、中には、たまたまホテルの階下の売店に行ったついでに、近所の商店をぶらつくため、能率の悪いソ連のエレベータでわざわざ上の部

クスコボのネコ

屋に引返すのも億劫でそのまま外に出たのに、わざわざ呼び止めて、戸外を歩くときはコートを着なさいと注意してくれる親切なのもいた。

　ここでも人懐っこいロシア人の典型にたまたま行き当たったものであろうが、はじめは日中、公園をぶらついていたり、調子がよすぎる気もして、与太がかった青年ではないかと用心したが、ソ連では悪くてもせいぜいヤミ屋程度とたかをくくってお茶ぐらいならと喫茶店のつもりで付いて行くと、いきなり近所のかれのアパートに案内された。

　3DKの小ざっぱりした部屋でインスタントコーヒを淹れてくれたり、日本からの放送や音楽レコードを聞かせてくれたりして大いに歓待してくれた。今度の旅行では街の商店でソ連のインスタントコーヒは見かけたが飲んだのは初めてであった。以前からもあったのかもしれないが気がついたことはないし、前回きた時ホテルのレストランでアメリカの旅行者が持参のインスタントコーヒを飲んでいたのを記憶している。見せてくれたアルバムから細君が医者であることはわかったが、かれの職業については要領を得た返事をきくことはできなかった。

駅まで送るというかれの好意を辞退して表にでると折悪しく俄雨に襲われた。林の中を彷徨っているうちに道を失い、夕方出発の準備もあることとて心細くなってきたが、東屋のようなところで雨宿りをしているうちに雨も止み、遠廻りではあるが宮殿まで後戻りすれば、道も覚えているので、心配したほどのこともなく帰ることができた。

4　旅のエッセイから

ソビエトの造型芸術をめぐって

一九五七年の七月の中旬から八月にかけてわたしはソ連の旅をした。目的は機械工業の視察で、モスクワ国民経済会議の議長で且つ国務大臣の招待によるものであった。シベリアの工業開発も是非みたいと思ったが、限られた日程で無理なことを知らされた。即ちアメリカの三倍の面積、全ヨーロッパの三倍で地球上の陸地の六分の一という大きさの概念をはじめて現実に知らされたのだった。それほどわたしはソ連に関する予備知識を全く持っていなかった。ただ目にみえたものだけを見てこようというフランクにして怠惰な気持ちからであった。帰ってからわたしはたまたま手許にあった二冊のソ連紀行を通読した。一冊はアメリカのウイリアム・ダグラスという判事のもので印象批判としてかなり好意的で妥当な解釈が多かった。従来のソ連紀行が親ソ一辺倒かまたはその反対の偏見で満ちたものが多いことをわたしは知っていた。ひどいものはアフリカの蕃地探検のような書き方をしていた。

ウクライナのハリコフ市のソビエト庁舎

私どもはモスクワを振り出しにサンクトペテルブルグ、ハリコフ、キエフ、オデッサの各都市を廻り帰路はモスクワからカザン、オムスク、ノボシビリスク、イルクーツク等を通って北京に出た。日程のわりにはツウリストとしてかなりひろく見たほうである。仕事の余暇をさいて、できるだけ博物館、美術館、博覧会、劇場をはじめいろいろの文化施設も案内してもらい、街をほっつき歩いた。ローマでもスイスでもチェコでも少しの暇をさいて裏街や市場をほっつき歩いた。そういうことがいくらかのわたしの子供っぽい趣味にかなっていたからである。たどたどしい通訳や貧弱な語学力にたよるものは不充分であったが、目で見てわかる造型的分野の理解は割合に不自由はしなかった。

二十に及ぶ各地のオートメーション工場から重工業施設、研究所を詳細に見せてもらい工場内の写真も自由に撮らせてくれた。そのことについて今やソ連では鉄のカーテンどころか一枚の紙のカーテンすらないではないかと同行の保守党の政治家も感嘆していた。ソ連旅行者のしばしば経験する現象面から見た食い違いを理解するためには、ソ連の政治、経済のあり方、過去四十年に亘って第一次から現在の第六次五カ年計画に至るまでの急激な進歩の理解を前提とする。

産業革命以来イギリスの工業化には二百年、アメリカの工業化には百年を要した。四十年前の革命当時のロシア人の大多数は文盲であり、とるに足らない工業施設しか持っていない農業国であった。それが現在では世界で第二の工業国にまでせり上がってきた。ソビエトというような国を理解する場合、固定した第一位とか第二位というような水準、即ち資本財の生産や重工業等の数字による額面価格からの判断よりも、進歩の度合、速度で判定するほうがより実際的でありわかりやすい場合が多い。

三十二階建ての豪華なモスクワ大学や宮殿造りの地下鉄があると思うと、掘っ建て小屋に等しい住居が多数に存在し、農村における生活水準の低さ、消費物資の質量の貧弱さが

スターリン好みといわれた高層建築。モスクワ大学

目立つといった跛行的矛盾は、重工業優先という五カ年計画の絶対的命題を理解することによって諒解できる。

もう一冊のソ連旅行記は昨年の九月に発行された徳永直による一九五四年の十二月から一九五五年にかけての二カ月くらいのモスクワ滞在記である。著者も巻末に「この旅行は生涯の楽しい思い出であり、ソビエトロシヤは三十何年来の夢であった」と記していることをみてもわかるようにソビエトを熱愛する著者によって素朴な見解で楽しく語られた本であるが、芸術、文化等の領域においてすら厳しい批判を求めるには無理な本であった。

この本が書かれてから発行されるまでの間にスターリン批判や、ハンガリー事件等の一連の出来事がおこり、芸術の領域にも当然波及していった。そのことについて著者はそのあとがきで、「私はたとえば(レーニン廟)にいったくだりで、スターリンの遺骸をみて感動した印象なぞも一字も訂正しない。社会主義リアリズムを強調し、批判的リアリズムとの関係を述べた作家大会報告もこのままで少しも訂正しようとは思わない」と多少気負った感じのする文章で「歴史のまがり角」とか「人類の背のび」とか私にはよく了解できない抽象的な語句で述べてあった。

印象を訂正できないなぞというきまりきった事柄を殊更断らなければならないところに、この国の文学と政治との宿命的な命題の繰り返しをみたような気がした。

日本のスターリン批判の具体的な受け取り方と、ソビエトの具体的な現実とが大分違っていることの印象が私をして徳永の些末な語句にひっかからしめたものと思っている。私どもが最初にソビエトに足を印したモスクワのブヌコヴォ国際空港の控室にもスターリンの油絵が掛けてあったし、さらにクレムリン広場でレーニンと並んだスターリンの遺骸も拝観したし、モスクワの代表的美術館であるトレチャコフ美術館の入口にはスターリンの立派な銅像があり、サンクトペテルブルグではスターリン名称のタービン工場もみたし、工場の応接室で肖像画にもいくつもおめにかかった。スターリングラードをはじめスターリン名称の市や街はいくらでもある。

造型面におけるスターリン政策の批判も若干見てきたが、一片の政令によってその人の功罪一切を簡単に抹殺しなければ気がすまないような気風が日本人には強いのかしらと思ってみた。

私はソ連の前衛芸術運動については二十五年くらい前の郷愁を覚えている。エイゼンシテインやプドフキン等の映画モンタージュ論、リシッキーの編集によるU.S.S.R in Construction

の写真モンタージュ、タトリンの第三インターナショナル記念塔計画、ル・コルビュジェによるいくつかのモニュメンタルな建築設計等、挙げるときりがないが、それらのものは今思ってみても全く素晴らしいものであった。

ヨーロッパにおける芸術の伝統の根深さというものについては知っていたし、イタリーにおける新建築運動についても知っていた。従って古いものを見ても新しいものを見てもべつに特別な感慨はなかった。チェコのプラハを見ても、古い完成されたそれはそのものとしてのよさが感じられた。ソ連の近年の後退した芸術運動については、ときたま見るグラフ雑誌で初めは腹を立てていたが、じきあいそをつかして次第に見ないようになっていた。

最初にチェコのプラハからソ連の有名なジェット旅客機であるTU—一〇四に乗ってモスクワに向かった。まず今までに乗った各国機のような特二式の座席と全く違ったコンパートメントで大きなテーブルと向い合わせにソファが四席ずつ二組あり、壁面はデコラティブな材料を使ってあり、飾り棚には陶製の人形や工芸品が飾ってあるといった按配である。豪華なサロンといった感じであるが、その非近代的な様式をみて、しょっぱなからおおよその勘に狂いのないことを確かめた。この最も新しいジェット機とそのキャビンの古くさい様式の対照、そういう種類のアンバランスや矛盾は日がたつにつれて後から次々に眼前に展開されていった。

適当な言葉が見当たらないので、わたしはしばしば古い、新しい、という言葉を使ったが、骨董品について論ずるのと違ってこの場合芸術にとって古いということは間違っていることを意味し、新しいということは正しいという意味に使っているのである。

わたしは以前にソ連に第一歩を印したときの印象を語る文章の中で次のような意味のことを述べている。「郊外の飛行場からモスクワの都心に向かう車の窓から映画やグラフ雑誌でしばしば見なれていた街外れに続々と建築途上にある流れ作業方式による鉄筋パネル大ブロック方式の簡素な高層アパート群とクレィン、そのはるか向うに宮殿のように夜空にくっきりと浮かび上がって見える三十二階のモスクワ大学、ゆきずりの車窓から瞬時に瞥見したこの対蹠は現在のソ連の建築を理解する上にまことに象徴的な眺めであった」

都市建設に当っては新設都市と歴史的な条件を持つ都市を改造し発展させてゆく場合と二通りがある。モスクワやサンクトペテルブルグのような古都の場合は帝政時代のルネッサンス、バロック、ロココの歴史的な建造物における伝統的様式に調和させながら急激にふくれあがる都市の改造計画を進めてゆかなければならないという難しい条件がある。もっと根本的には当然共産党大会の決定、指令が建築はもちろん、科学、芸術、教育全般の発展の方向を制約する。現在ソビエトの古典的遺産の継承としての芸術を批判する場合もその問題を避けるわけにはゆかない。具体的にはレーニン、及びスターリンによって指示された大綱がそれである。

すでに古典化されているレーニンの基本的規定の主なものは一九二〇年の「青年同盟の任務」における次の演説の中で示されている。「プロレタリヤ文化は人類が資本主義、地主、官僚社会の抑圧の下で作り出した知識の蓄積の必然的な発展でなければならない……」。またスターリンは芸術における民族主義を強調し「プロレタリヤ文化は民族的な文化を破棄せず、それに内容を与える。そして逆に民族的文化はプロレタリヤ文化を破棄せず、それに形式を与える……」と述べている。モスクワの錯綜した様式の混乱の中で、モスクワ大学、アパート、官庁、劇場、集会場、停車場および地下鉄の各駅等の豪華な高層建築や宮殿造りの建造物が多数スターリンの意図によって建てられスターリン賞を授けられている。

問題は過去の文化遺産の摂取という至極もっともなスローガンが現実の面においてどのような形で具象化されているかということである。

私どもはモスクワにはいちばん長く滞在しクレムリンから美術館、図書館、産業博覧会、大学、工場等を毎日見て歩いた。私どもの宿舎はレニングラーツカヤという二十一階建ての豪華なホテルでことにロビーや食堂はクラシックな彫刻や陶器の壷が配列され金唐草の装飾やシャンデリアで満たされた宮殿造りであった。この種の様式の建物は他にモスクワ大学、鉄道省等の官庁、アパート等いくつか点在し、馴れない間は間違えてとまどいした。クレムリンやボリショイ劇場、古寺院等の帝政時代の優れた建築物を修復し、立派な伝統に誇りと愛着を持つことは当然であるが、モスクワの新しい建築物の多くのあり方については、私どものように西洋式建築様式に伝統を持たない外来者にははっきりとその間違いが目に映る。

端的にいってモニュメンタルゼーションの過大からくる装飾過剰である。建築において工学技術的な部門と芸術的な部分が分離した建築が多いのである。それは誤った政策によって結果された芸術様式における審美性の低下である。とにかくまがいものの古典様式の氾濫には驚いた。とくにスターリンの政策の下で作られたものにそれが多い。その例をあげてみると、ソ連人の誇りとしている有名な地下鉄の各駅がある。一駅ずつ違った様式で彫刻や壁面やシャンデリアで満たされた豪華な宮殿造りである。地下鉄は正当な機能からみてまず運輸建造物であるべきであるが、ここではその他にスターリン時代の偉大さと、労働者に対してソビエト国家の偉力を誇示するための人民の宮殿としてのモニュメンタルな意義が強く要請されているのである。

また同じような意味で人民の宮殿とも称すべき数十階の豪華なアパートも見た。内部に映画館から商店、集会所等一切の施設があり各種の色大理石や装飾で満たされていることは例のごとくである。これらの一連の建築に対してすぐに指摘できる間違いは一つは建築の機能ないしは政策について、一つは芸術様式としてのイデオロギー的低さについてである。そびえたつ数十階の宮殿式アパートのまわりに掘っ建て小屋が存在しているのをいくつか見た。まやかしの古典や装飾過剰は簡素にして清潔な近代的機能美に対する愚民政策ともいえる。しかし新しい建築様式の傾向が全部間違っているわけでは無論ない。

その前にソビエト現代建築の誤った傾向――経済的原則及び装飾過剰による工学性の軽視、モニュメンタリティの観念的解釈等――の出発点となった一九二〇年代からの傾向をすこし回顧してみよう。

先にも一寸触れたように、当時の構成派としてのタトーリンの第三インターナショナル記念塔、レオニードフのレーニン研究所、マレーヴィッチの建築構成のファンタージュ、リシッキー高層建築案、その他多くの公共建築物の設計は、国際的コンペッションとして合理的建築運動の先駆的役割を果たしたものといえる。

これらはすべてガラス、鉄、コンクリート等の近代的建築材料の特性及び工学的条件を主体として大胆に構成されたもので、オランダのミース・ファン・デル・ロトエ、オートト、ドイツのグロビゥス、エルンスト・マイ等の新建築運動とも呼応した国際的性格を当然持っていた。ソビエトの当時の設計の多くは模型とか設計図面だけで終わったが、そのいくつかは今日でも実際に残っていた。

一九三〇年代からこれらの機能的合理主義の国際建築から、現在までの主流をなしてきたソ連の古典主義への急激な傾斜の原因についてはよく知らないが、国際主義のローマン的傾向、いわゆる機械のロマンチシズムと呼ばれた時代で正しい見透しにも拘らず、例えば特殊な気候、風土等に関する適応性等の現実的条件の軽視等への反動とか、民族主義の高揚、過去の文化遺産の誤った摂取、国民の文化的水準の低下等の原因があげられると思う。

当時期せずしてスターリン、ヒットラー、ムッソリーニがともに建築政策について熱意を示した。それは政治経済や科学技術の進歩と芸術の発展というものを、有機的な線で結んで結論を引出そうとする単純な偏見に対して、芸術とイデオロギーの在り方、理解の仕方に対する示唆として興味がある。

ドイツではナチスにより民族主義の反対的立場として国際派のグロピゥス、メンデルスゾーン等が追放され、デッソウのバウハウスが閉鎖された。様式としては国粋主義に基づき十九世紀のシンケル、クレンツェが到達した古典主義よりは更に後退したデザインの公共建造物が多数造られた。近代的材料と構造力学を無視し、荘重な外観と室内意匠を強調したし、シュペーア等の御用建築家による現代建築の逆行はナチスの没落により当然葬り去られた。

古典への後退とモニュメンタルな傾向、また建築における工学性と芸術性の分離については、ソ連の建築傾向とナチスとは一脈の共通点がみられるのは皮肉な一致である。

ファッショ、イタリーではちょっと事情が違う。イタリーでは過去の継承としてのネオクラシズムへの方向を廃して国際主義建築を全面的に推進させ、新しい材料と様式を駆使した多くの実験的建造物を造った。

イタリーの過去においてすでにぬきさしならぬ迄に完成された古典に対抗するため、従来の古典と反対の新しい様式の発展にその拠点を求めバルディ等の進歩的小壮学徒が伝統的建築派に打ち勝った結果である。「ダ・ヴィンチ展」や「トリエンナーレ」をはじめ万国博、産業博等の展示様式にも新しい空間構成の分野を開拓した。ファシズムの没落後もその傾向は継承され現代建築の主派に沿っている。

ソ連ではどうか。一九三〇年代から急激に芸術の各部門に浸透していったいわゆる社会主義レアリズムの成果を、モスクワ、サンクトペテルブルグをはじめ各都市でみた。モスクワではロシアの古典建築としてのゴシック、ルネサンス、バロック、ロココの混然とした様式を一瞥するには最も有利である。これらの建造物は純粋な様式ではなく、それぞれスラブ特有な重厚な東洋趣味が多少加味されてあった。しかしここで古典に触れることは問題外である。必要なことは古典と切り離してソ連の新しい建築を論ずることができない関連性についてである。革命後モスクワの都市計画に当ってこれらの古典建築と近代都市建設の調和について、いろいろの議論が行なわれた。古いモスクワをぶちこわして新しい工業都市を作る案とか、古いモスクワを観光都市として残して別に新しいモスクワを作る案が提出されたが、結局スターリンによる主都改造計画によって決定されたものである。

それは一九三五年の共産党中央委員会と人民委員会議による「モスクワ改造の一般計画」に示されている。その決定の中には特に古典建築の遺産摂取の強調と具体的にはスターリンの時代、すなわち、共産主義建設の偉大さを誇示する目的によるソビエト宮殿を主体とする高層建築のシステムが指示されている。

その高層建築による代表的な一例であるモスクワ大学は一七五五年にロモノーソフによって創立されたものであるが、レーニン丘の現在の三十二階三十七棟の高層建築が完成されたのは一九五三年である。総容積は二六一万一〇〇〇平方メートル、高さ二四〇メートル、学生数は二万二千、それに大学院学生が千八百名いる。

規模、設備、豪華さは優に世界一の名に恥じないものであるが、周囲の住宅街と不調和に孤立している点においてソ連の進歩的建築家の批判を受けている点は興味がある。

サンクトペテルブルグの街は日本の京都に相当する古都で、ソ連の自慢の街だけあってモスクワと違って調和のとれた美しい街であった。数多い古寺院や、宮殿、モニュメントを中心に公共施設、商店住宅も大体古典様式で統一されてあることで調和がとれておった。今度の独ソ戦で九百日籠城し、十万人に及ぶ餓死者をだした激戦地の跡なぞは全く感じられない。

特に感じることはソ連人の歴史と伝統に対する誇りと愛着の異常なまでの深さである。近代芸術確立の最も困難な闘争が過去の伝統に対する闘争であるということが、ヨーロッパやロシアの古い街を歩いてみるとよくわかる。

クレムリンから冬宮、劇場、図書館をはじめ、ソ連で誇りを持って案内してくれるものの多くが帝政ロシアの宮殿、貴族、豪商の邸宅、庭園、モニュメントで昔の様式のままで復旧され、公共施設の最も代表的な部門に使われている。革命直後ではない今日、封建社会の豪華な様式をいちばん今でも良いものと思いこんでいるセンスは奇妙である。従って博物館等でも古美術品の修理復旧というような技術が深く研究されている。

ボリショイ劇場やレーニン図書館等の増改築でも古典様式を尊重して調和をとっているというより、古典様式の延長という感じである。

今度の激戦でも古美術品はすべて丁寧に地下室に格納され、ピョートルやニコライの銅像等のモニュメントもすべて幾重にも被覆され敵弾から防禦された。夏の宮殿であるペテルゴフも独軍の侵入で跡形もなく荒らされたのが金色燦然たる彫刻と噴水と並木通りに復旧されておった。

そういうことでも古美術の伝統を保存しようという熱意よりは、現代的感覚としてこれらの古典を評価している感じが深い。

ソ連の現代建築の傾向を一望するためにはモスクワの全ソ農工業博覧会を見ることは便利である。映画その他で多少は知っていたが、全体の規模を目のあたりみると流石にそのスケールの壮大さと華麗さには一応どぎもをぬかれる。入口から幾つかのアーチをすぎると次々に「民族の友情」とか「石の花」「黄金の穂」といった名称の彫刻にかこまれた大噴水が現れ、それぞれの共和国の固有な様式で表現されたアルメニヤ館、カザック館、ウズベク館、シベリヤ館また畜産館とか、機械工業館、軽工業館といったように連なったり、点在している。それぞれ趣向をこらした農業関係の館が六十以上、工業関係が二十一あり、その間に幾つかの劇場、映画館、レストラン等が点在し、場内はトロリーバスでゆききできるようになっている。場内の広さは五百エーカーで、一昨年度の入場者は国内だけでも六百万人、外国人が二万二千という数で大略の規模がわかると思う。国内関係はコルフォーズが目立って多い。

工業関係では特にオートメーション、遠隔操作、労働方式の改善、コストの引き下げ等に重点がおかれており、昨年から原子力利用館、科学館が新設されている。陳列館の周囲をミチュリン果樹園や池、花壇がとりまき、毛氈のような花の数は五百万と称されている。二度目に行ったときは青年友好祭が始まっていたせいか特別の装飾がほどこされてあり、TU―一〇四型のジェット旅客機が誇らかに広場に飾られ参観に供されていた。同行の団員の一人はまるで御伽話の国へ行ったようだと感嘆の辞を発したが、建築様式の内容に触れる場合、この一言の辞のもつ意味が最もぴったりと当てはまる。

産業の常設展示ということは政治的ばかりでなく、文化、科学技術、教育の各方面からみても最も効果的なものであるが、そういう意味で規模といい、設備といい他の国では真似のできない至れり尽くせりのものである。

しかし万国博覧会をはじめ、各国の産業博覧会、見本市等が昔から同時にその建築様式、展示方法において建築家の新しい野心を発表する競争の場であったことは、歴史的に回顧してみれば明らかである。一八五一年のロンドン万国博における水晶宮が、ガラス建築の新分野を招き、一八八九年のパリ万国博のエッフェルの塔やコタンサンの機械館が鉄骨建築の先駆的役割を果たし、ともに十九世紀の最も偉大なる建造物の一つとされている。そういう事例は今日まで引続いて枚挙にいとまがない。

コルビュジェの「アメリカの技術家は計算によって彼等の建築を瀕死の状態から救った」

といっていることは、総じてヨーロッパを主とする現代建築の闘争が、伝統的建築の装飾否定から出発している現実の批判につながる言葉である。

そういう観点からここの建築を批判すると民族性の強調や古典懐古の安易な誇張による似非豪華さに満ちた前世紀の非近代的過飾の集積にすぎないものが多い。工業関係の各館ですら総じて群柱により古典様式で飾りたてられ、彫刻が配してある。最も新しい原子力平和利用館ですら、東洋趣味の非近代的装飾で満たされているのには驚く。

そういった逆行は博覧会以外にもたとえば最も純粋な工学的建築物であるヴォルガ、ドン運河やその他の大規模な水力関係の建造物ですら、ナポレオン帝政様式の虚飾で飾られていることが指摘されている。

ソ連建築の装飾主義への偏向は建築アカデミー会員の中、最も当面の使命である量産建築の分野に参加しているものが極少数であり、指導的建築家の多くが個人的なモニュメンタルな装飾的設計に従事していることでもわかる。

しかし一方において、近年の傾向として組立鉄筋、大パネル様式の簡素にして機能的な建築がすさまじい勢いで建設されているのを見ると、装飾主義、民族主義への偏向による堕落からようやく脱して、近代建築本来の方向をとりもどしつつあるものとも思われる。そのことは第六次五カ年計画に関する指令にも現れており、第五次の二倍に当たる床面積二億五〇〇平方メートルの住宅建設が指令されている。

地下鉄や宮殿高層建築とともに、農工業博覧会における「シベリヤ館」「ウクライナ館」「畜産館」等の一連の建物の過飾的傾向について、ソ連の建築家の間でも批判が起こっているようだ。

最近の傾向として今年の四月からブラッセルで開かれる万国博覧会のソ連館の設計を見ると、ガラスと鉄とアルミによる明るくて軽快な感じの近代建築で、正面玄関の群柱は例のごとくにあるが流石に装飾は除かれている。

全体的感じで近代的パルテノンと称されているところを見ると、ソ連人の宮殿趣味は宿命的なものなのかもしれない。

「プーシキン」を読んでの私的回想

ドストエーフスキイ、トルストイ、ツルゲーネフ、チェホフ、らのロシア文学が翻訳を通して普及し、現在でもひろく読まれ、日本の近代文学に大きく影響力を与えてきたが、おなじロシア文学の祖ともあおがれるプーシキンは、かれがバイロニズムとして影響をうけたイギリスの詩人、バイロンなどとともに、名前だけが知られているわりに、その業績の具体性については、一般にはとおい存在になりつつある。小説と韻文詩の違いという困難な障壁もあるだろう。草鹿外吉著（新日本出版社刊）は、プーシキンの生い立ちから、決闘による劇的な死まで、その愛と思想の遍歴を簡潔な筆にまとめてあますところがない。プーシキンに関する文献は数多くあると思うが、適当な分量にまとめるという作業は、老人呆けのはじまっている私どもの年齢の弁護の言葉としてだけではなく、以前から詩集などを読まされるとき、大部な分量に疑問をもち、うんざりしてきた実感からでもある。

プーシキンの詩の邦訳は数種類出ていると思うが、私が時おり利用させていただいているのは、本書の著者、草鹿外吉らによるロシア語からの完訳、プーシキン全集（河出書房新社）の詩編である。全六巻中主体をなす一～三巻までが、抒情詩、物語詩、民話詩、劇詩で占められている。なお豊富な注釈は、当時の歴史、地理、社会事象等にうとい私どものような読者には、その都度参考書をさがす労を省かせてもらうことで便利をさせていただいている。

私は敗戦後のまだ翻訳権の自由な時期に、ツルゲーネフ、ドストエーフスキイなどのロシア文学作家の全集の装幀をよくたのまれたが、その中にプーシキンの小説全集も入っており、ひととおりは目を通したつもりでいる。

しかし現在の私の頭の中では、ノバーリス、プレターノ、ホフマン、ヘルダーリンらのドイツローマン派の作品を、おとぎばなしの筋として記憶しているのとおなじく、プーシキンの抒情詩も物語詩も、楽しいおとぎばなしとして、記憶の中で逍遥している部分が多い。しかしその面白さということも、国民詩人として大衆に愛されてきた大きな要因のひとつであろう。

私はまったくの音痴であったが、それでもソ連に滞在中は、特に夜間は無聊のせいもあって、ドラマ、オペラ、バレーを観るために、劇場やコンサート・ホールにでかけた。モスクワのボリショイ劇場、サンクトペテルブルグのキーロフ劇場、プーシキンドラマ劇場など由緒あるものをはじめ、キエフやオデッサぐらいの都市には、かならず立派な劇場があった。

私は絢爛たる舞台や衣装、またそれに没入している観客をながめているだけで満足であった。

ソ連の音楽レコードが安いからとすすめられて、それでも何回か行っているうちに三百枚ほど買い集めていた。

プーシキンの「ボリフス・ゴドウノーフ」「ルスラーンとリュドミーラ」なども入っている。商業主義の国とちがって、オペラやバレーの組曲でも抜粋でなく、全曲を収めているところが特長である。ソ連以外の国の作曲家のものもあるが、その選択には一定の基準があることはもちろんである。

外国の作曲家のものでは、ベートーヴェンが圧倒的に高く評価されているが、その理由として、主題展開の理論と形式が、カントとヘーゲルの弁証法の基礎の上に成立し、発展させられる、というようなことになると、私には具体的にまったくわからない。

せいぜい私の興味は、グリーンカの音楽が、プーシキンやゴーゴリと密接に関係しているように、ロシアの音楽家の多くが、トルストイ、ドストエーフスキイ、チェホフらの思想や作品の主題、陰鬱な風土と一体となって絡みあっている共通性にあった。

その関連は音楽だけでなく、レーピン、スリコフ、シーシキン、レヴィタン、セローフら画家による表現と生活のつながりにおいても同様である。

プーシキンがいかにロシア人に愛され、親しまれてきたかということは、実際にソ連の土を踏んでみると、実感としてそのことがよくわかる。

私は文学が専門ではないし、また、プーシキンにかくべつの関心をもったことも文学散歩の趣味もない。しかし訪れる各地で、プーシキン名称やゆかりのモニュメントが多いのにはおどろく。

モスクワの銀座通りともいうべき通りをすこし下ったプーシキン広場のプーシキンの青銅像は、一八八〇年に、市民の募金によって建てられたもので、常時供花が絶えないといわれている。その他モスクワには、プーシキン美術館、プーシキン博物館もある。

モスクワのレーニン図書館は、私が三十年以上も前に、国際交流部長のカネフスキーと会って以来、今日にいたるまで毎月文献の交換で親しんできたところだが、その正面玄関の屋上にちかい壁面には、ロシア文学の巨匠のレリーフがならんでおり、もちろん、プーシキンをはじめ、レールモントフ、ゴーゴリ、またマヤコーフスキイ、ゴーリキーまで入っているが、私のその時点での疑点は、当然入っていなければならないと思っていたドストエーフスキイが除外されていたことであった。図書館の建物は一九五〇年代で、ソ連における、ドストエーフスキイ再評価の政治的時期のずれかと想像した。

サンクトペテルブルグのネバ河畔のデカブリスト広場の青銅の騎士像は、プーシキンのピョートル一世への頌詩、青銅の騎士で知られている。

デカブリストの乱は、農奴制の廃止と、専制政治の改革を標榜とした貴族、軍人の蜂起であったが失敗におわり、主謀者は死刑、貴族はシベリアに流刑された。詩人イレーエフも死刑になった貴族の一人である。流刑については、ネクラーソフの叙事詩「デカブリストの妻」がある。

プーシキンは直接その事件とは関係なかったが、参加者に友人が多く、心情的には同志と呼ばれる立場にあった。

一般に私どもの世代の関心が、プロレタリア革命によるソビエトから出発しており、革命の前駆的役割を果たしたプーシキン、レールモントフ、トルストイら多くの貴族、軍人、知識階級の、歴史的背景に対する認識や知識が充分ではない。私が最近興味をもって読んでいる近代の戦史物でも、日露戦争では、将校に多くの貴族が登場している。

私が博物館まわりで訪れた、サンクトペテルブルグ郊外のプーシキン市は、プーシキンが学んだ学校のあった、ツァールスコエ・セロ（皇帝村）を、プーシキン死後百年を記念して改名したものである。またプーシキンがダンテスと決闘する以前に住んでいた家も、博物館として残っている。

プーシキンが南方時代を過ごした、ウクライナのオデッサやモルダビアのキシニヨフは、ソ連での私の数少ない友人の何人かがいるところで、その一人が勤めている東西美術館の隣にプーシキン博物館がある。プーシキンがオネーギンの二章を書いたといわれている。隣がまた何回も泊まった古色蒼然とした、ホテル・クラスナヤで、ともにおなじプーシキン通りに集まっている。カシタン（栗）の並木が美しいポチョムキンの階段で有名な海岸通りにもプーシキンの記念碑がある。

キシニヨフの「プーシキン博物館」はここでオネーギンの最初の章が書かれたといわれ、「ジプシイの群れ」、「コーカサスの捕虜」、「海賊の兄弟」、「バフチサライの泉」もこの時代の作である。

プーシキンゆかりのコーカサス、クリミアもまわったが、コーカサスはレールモントフ一色の感じで、ヤルタはチェホフ訛りが目立ったがバフチサライは遠見しただけで、遺跡まで足をのばす興味はなく、マサンドラ・ワインのバールの方に急いだ。

プーシキニズムという言葉があるが、戦前おなじプロレタリア詩にかかわった小熊秀雄はプーシニストとでもよばれる諷刺詩人であったろう。小熊がどれだけプーシキンについて知っていたかは知らないが、プーシキンにふかく傾倒し、影響を受けたことは知られている。

石川啄木が、トルストイやクロポトキンなどの文学書や思想関係の書籍を英訳で読み、ロシア語にまで意欲を示していたことは、研究者によって明らかにされている。

金子光晴のプーシキンの「革命詩集」（コスモス社刊）――仏訳からとおもう――なども現在の精緻な原語訳に比較すれば、語学的にも考証的にも杜撰なものに違いないが、それなりの面白さと意義があるだろう。

「稜線」同人の長田三郎は、本誌のエッセイで、かつてロシア語をおそわったブブノワを追想し、「オーネギン」を朗読する彼女のロシア語の美しさを「詩がリズムとハーモニーをもって奏でられる音楽であることをはじめて知った」とその時の感想を述懐している。

以前私は黒海を周遊中、アブハジア共和国のスフミにしばらく滞在していたが、そこに隠棲しているときくブブノワを無聊の一日ホテルのインツーリストの斡旋で訪れることを思いついたが、海水浴と酒に明け暮れて、ついに果たさなかった。毎月モスクワから送られてくる美術雑誌の最近号に、日本の風景を彷彿させる彼女の素描の何点かを見た。小熊以後、優れた諷刺評を書く詩人は少ないが、おなじ「稜線」のくにさだ・きみは、その少ない一人として私は期待している。彼女の独創的な諷刺詩の発想に、プーシキンの叙事詩にまで滲透している抒情性のようなものが加われば、さらに深みと厚さをますように私には思われることがある。

ロシア・アバンギャルド展を見て

ときたま私は海外に旅行する機会があり、現地でいくらかかかのものは見てきている。したがってルーブルとか、エルミタージュ、また故宮博物館など、外国の展示品の一部が日本に来ても、わざわざ混雑をおしてまで出むく気がおきない。

しかし今度のロシア・アバンギャルド展には見にゆく予定をたてていた。たまたま「赤と黒」で私どもの身ぢかに位置し、村山知義らの前衛美術家集団「マボォ」にも加わって活動した萩原恭次郎の全集が完結したこともあり、またおなじ「赤と黒」によった、コスモス編集同人であった岡本潤が、初期のコスモスに書いた、アバンギャルドの回顧ともとれる文章のいくつかも思い出された。私自身については、二十歳代のまったき存在がそこに重なっているおもいがある。

私がいくらか知っている外国はソビエトで、一九五七年以来、毎年か一年おきぐらいには出かけている。膨大な質量をもつ、ロシア・アバンギャルドのほんの一部三百八十点にすぎない日本の展示に私が食指を動かした理由は追って触れる。

とにかく会場であるデパートに開店を待って気負って出かけたが、会場には人影もなく帰りがけになっても幾組かのアベックぐらいで、閑散としていたのには拍子ぬけがした。おかげで一時間以上もかけて、ゆっくり堪能することができた。

ここで展示の感想を細叙することは適当ではないので省略するが、瞥見の印象としては、ひと口にアバンギャルド（この言葉で一括することは、ここでは妥当とは思われないが）といってもその様式が多種多様であり、前衛的なものもあれば、すでに古典として定着し、アバンギャルドの名をかぶせるにふさわしくない作品や作家のものもある。

カンジンスキーやシャガールなどの油彩を別にすると、芸術の総合化を目指した、タトリン、マレービッチ、リシッキー、マヤコフスキー、ロドチェンコ、ディネカ、モール、と親しんだ名前の作家が、絵画、ポスター、舞台装置・コスチューム、建築デザイン、フォトモンタージュ、工芸品と多岐にわたる制作を展開している。

ソビエトで見たものも若干あるが、ほとんどは印刷を介しての記憶であるため、油彩や設計図の、筆や鉛筆のタッチを実物で確かめることは印刷ではわからない迫力がある。

現地で見たことがあっても、その記憶があいまいなことは今度の出品リストを見てもわかるように、モスクワのトレチャコフ画廊やサンクトペテルブルグのロシア美術館所蔵のものをごっそり持ってきたというのではなく、ソビエト全土の博物館、また種別には、アジ・プロポスターは革命博物館、舞台美術は演劇博物館といったように、陶磁器博物館、レーニン図書館と、三十に及ぶ機関と個人所蔵が集められてあるからである。

ロシア・アバンギャルドの区切りを一九一〇年から一九三二年としたことについては、ロシア革命の前哨戦としての芸術活動の実情から見て発端の時期の設定は妥当だろう。終末の一九三二年という年に問題がある。ソビエトではあたりさわりのない解説で、ロシア・アバンギャルドの歴史的役割は完了したと宣言している。しかしその年に「社会主義リアリズム」の旗じるしの下に、作家同盟、美術家同盟、建築家同盟などの文化団体が発足している。

ソビエト側は今回の展示がロシア・ソビエト芸術の空白をうめることで意義があると解説で述べている。

空白という言葉はアバンギャルドの代わりに登場した、不毛の社会主義リアリズムの続くソビエトの芸術体制であって、もともと国際的ソリダリティから出発したアバンギャルド芸術の流れは、世界の新しい芸術運動の原点としてヨーロッパ、アメリカ、日本の現代にもつながってきている。

たしかな記憶はないが、一九五七年に、エレンブルグが来日した直後であったと思うが、高見順が招かれてソビエトへ行き、モスクワのトレチャコフ美術館でカンジンスキーの絵のことを尋ねたら、あることはあるが、地下の倉庫にしまってあるという係員の返事で、倉庫で見せてもらったか、どうかは覚えていない。

またある日本の作家がモスクワのドストエーフスキイ博物館をさがしあぐねて苦労した文章を読んだことがある。

私も地図を片手に、レニングラーツカヤ・ホテルから歩いてちかいと書いてあったのをたよりにコムソモール広場から歩いたことがある。散歩かたがたという気持ちであったにしろ、午前中に出発して、探し当てたのは夕刻に近かった。

時間のかかった理由のひとつは、近所まで来ていながら、何人かの人に場所を尋ねても知らないという返事であったからである。

さがし当てた場所はドストエーフスキイの生まれた当時の貧民病院で、現在の結核予防研究所の正面左の小さな通用門をくぐった粗末な建物であって、予備知識がなければ通り過ぎてしまっただろう。

苦心してさがし当てても、修理中であったり、廃館になっていたり、名前だけのものだったりの例は私にもいくらもある。

問題は実在しておってもあつかわれ方の差別にある。

たとえばチェホフやプーシキンなどの著名な遺構をさがすに迷うことはすくないだろう。

しかし体制派作家の筆頭であるショロホフをさしおいてという政治的な事情もあって、「ドクトル・ジバゴ」による一九五八年度のノーベル賞を辞退させられたパステルナークの墓に、かりに一般外国人旅行者が参りたいとすれば墓のあるモスクワ郊外のペレジェルキノに行くためには前もって許可が要る。

インツウリストに掛け合って運よく許可がもらえたとしても、案内人（一人歩きはできない）をやとったり、手間や費用を含めると現実には実現不可能のことが多い。

それに引き替え、トルストイの家と墓のあるヤースナヤ・ポリャーナは、モスクワから南へ二百余キロもの道のりで車で一日がかりの遠足であるが、モスクワのホテルから観光バスが通っている便利さである。

サンクトペテルブルグの世界でも有数なエルミタージュ美術館に行けば、世界中の名画が時代別、国別、著名な作家は個人別にすら、整然と分類、展示されている。しかしソビエトのどこの美術館に行ってもアバンギャルドの展示室などというものはない。

こころみに私の手許にある幾冊かのソビエト版の画集をトレチャコフ、エルミタージュ、ロシア美術館と繰ってみたが、アバンギャルド作家の作品を収録したものはない。

唯一の例外として、今度の展示会にも出品されているディネカが画集に載っている。社会主義労働英雄、ソ連邦人民芸術家、ソ連邦芸術院会員、レーニン賞と、一九六九年に死ぬまで体制派作家の代表であったディネカをアバンギャルドの系列に加えることは無理がある。

今度の展示会の主催、後援にソ連文化省やソ連大使館が名を連ねていることは当然だろう。しかしかすかにひっかかる感情を私が持ち続けていることは、雑然と述べてきた私の文章にあるように、情況のいかんによっては存在を認めても、あつかい方に本音と建前との使い分けからくる不信感のようなものをそこから感ずるからだろう。

今度の展示会と似たような思いを十年ほど以前、東京で見た「エイゼンシュテイン展」でも私はあじわった。

主催はやはりソ連大使館やソ連映画人同盟で資料提供はエイゼンシュテイン家とソ連文学芸術文献中央保存所となっていた。

ソビエト映画の発祥は一九一九年の映画事業の国有化にかんするレーニンの布告からである。今日にいたるも映画史上不朽の名作として声価はゆるがない「戦艦ポチョムキン」は一九二五年に製作されている。

私のオデッサ滞在のホテルは、プーシキン博物館のとなりの「クラスナヤ」か、海岸通りの「オデッサ」のどちらかであるが、オデッサ・ホテルの前から、オデッサの見どころとなっているポチョムキンの階段が港に向かっている。

いうまでもなく一九一七年革命に先だつ一九〇五年、水夫と市民が相呼応して反乱を企て、ツァーの軍隊によって虐殺されたところとして、ロシア革命最初の号砲を放った、サンクトペテルブルグのオーロラ号とともに革命記念として有名な史蹟になっている。

私ども（といってわるければ、私どもの世代）ではポチョムキンの階段は「世界映画史上もっとも有名な六分間」とまでいわれているほどで、あくまでエイゼンシュテインを通してのポチョムキンの階段であって、ストレートには史実につながらないのが実感であるし、日本で書かれた案内書をはじめ、すべての記述はそれにふれている。

しかし私が目を通したソビエトの案内書には、史実はくわしく記載されてあっても、エイゼンシュテインにふれたものはなかった。

かりに不案内の私が見落としたとしても、ホテルの海岸通りを左に行けば、立派なポチョムキン英雄記念碑の銅像が目に入るし、ホテル裏手、オデッサの銀座通りともいうべきデリバソフスカヤ通りは、ロシアの提督デリバソフの名前をかぶせたものであっても、日本なら必要以上に目立つはずのエイゼンシュテインに関係した碑を私は目にすることがなかった。

一九三〇年にハリウッドに渡ったエイゼンシュテインは、サンドラールの「黄金」、ドライサーの「アメリカの悲劇」の映画化を提案したが、パラマウントでは一本の映画を撮ることもなく契約は解除された。その後アプトン・シンクレアの援助で「メキシコ万歳」を製作するが、それも未完におわっている。一九三二年に帰国したソビエトで彼を待っていたものは、アバンギャルドを否定した、スターリン治下の社会主義リアリズムの路線であって、政治的迫害と挫折ともいうべき不遇の中に、一九四八年五十歳の生涯を閉じている。

当時リアリズムの手法を演劇に取り入れたモスクワ芸術座のスタニスラフスキーと対照的な、若年のエイゼンシュテインが強い影響をうけた、アバンギャルドの演出家、メイエルホリドはスターリンによって処刑され、エイゼンシュテインの親友であったマヤコフスキーも一九三〇年に自殺をとげている。

革命初期やスターリン時代には多くの芸術家が処刑されたり、自殺しているが、その原因が納得できないものも多い。

私はマヤコフスキーの自殺のニュアンスを知りたいと思い、ありあわせの辞典を引いてみた。数行にすぎない記述に過労による自殺と記してあった。さらにおなじく手許にあったいくらかかのソビエトの文献を参照してみたが、自殺について触れたものはなかった。エフスチグネエフの年譜にも没年の期日だけの記載しかなかった。

今回の展示会の大判三百五十頁におよぶカタログ中、マヤコフスキーの略歴の項にも自殺という記述はない。

私はマヤコフスキーの革命初期の「戦う鉛筆（ボエボーイ・カランダーシ）」や壁新聞的な「ロスタの窓」などによるアジ・プロ芸術に興味をひかれてきたが、彼の詳しい略歴については知らないし、格別の関心もなかった。

マヤコフスキーほどの有名な作家であるから、調べたり、訊いたりすればよくわかることと思うが、ただ私が知らなかったという無知の告白である。

スターリンの死は一九五三年である。エフトゥシェンコらのスターリン批判の詩が共産党機関紙「プラウダ」の紙面をにぎわし、一九五四年から五六年にかけてはエレンブルグの『雪どけ』が出版されたりして、ひところ「雪どけ」という言葉がはやった。

事実、粛清された多くの芸術家の復権が認められ、自由化は急速に進展するかにみえた。それからすでに二十余年、主権者の交替は相つぎ、モスクワやサンクトペテルブルグなどの大都市で、闇屋とか売春婦の出没を黙認するぐらいの自由化はあった。しかし芸術政策の基本的路線における自由化に、どれほどの変化が見られたであろうか。

展示会場を出たところの書籍売場で、私は一瞬タイムカプセルから出たような錯覚におそれわれた。そこには豪華なよそおいをこらした、ロシア・アバンギャルド紹介の書籍、雑誌が積み上げられてあった。日本も含めた欧米諸国の出版物である。

　私の書棚に埃を被っている、六、七十年以前のものと中味はかわらない。ドイツ版のほかロシア、フランス、英語版もまじっている。

ソ連でLPレコードを買った話

　音楽についてという表題で書きはじめたが、私には音楽そのものについて書けることは一つもないことに気がついた。ただ旅先で音楽のレコードを買った思い出のようなものを漫然と書きたかったのだろう。

　そのことは最初の海外旅行でソ連の各地を回り再びモスクワに帰ってきたときのことである。

　行きにはなかった世界青年友好祭りの飾りが見違えるように町を彩り、その後日本にも流行したソロヴィエフセドイの「モスクワ郊外の夕べ」というポドモスコーフヌウィ・ヴェーチェラーと章末の繰返しの懶いような甘いメロディが巷に流れていた。

モスクワを去る気ぜわしい日程の中でいくらかのお土産品を買うために赤の広場の前にある、帝政時代の勧工場であった百貨店グムに行った。そこのアーケード式のレコード売場の前に立ったとき、私は不意に途方に暮れた。

ソ連では買うなら書籍か、レコードが安いからということを読んだか聞かされていただけに、つまり人形とか絵葉書を気軽に選ぶぐらいな気持ちしかなかったということである。曲目を言って買うというごく当たり前のことがその時まで頭にまるでなかった。それに近年のように輸出用として用意された英文のラベルのものはなくすべてがロシア文字であった。

料理のメニューのように読めたとしても内容が解らなかった。そこで音楽にズブの素人がとっさに考えたことはクラシックのように高級なものは解らないが、民謡や流行歌のようなものならまだ良いだろうという浅知恵であった。

とにかくウクライナとかシベリア、アルメニアといった地方民謡や流行歌曲の類を二十枚ほど選んだ。エボナイト系の厚手の盤で、三〇センチのＬＰが四百円ぐらいであったから値段は予想通り安かった。ただジャケットは仙花紙のようなごく粗末なものであった。

三十三回転の標準盤の中で数枚、七十八回転LPという珍しいのが混じっていた。レコードにもむろんゴストという国家規格のナンバーが入っており、レコードもプレーヤーもすべて製造が統一されているものであるからSPからLPに切り換わる過渡期のものとしてそんなものが生まれたのであろう。

さて、日本に帰ってからそれを聞いてみると合唱曲が多く内容も解らず、曲も馴染みのない民族色の強いものばかりであった。以前何かのことでジャズの曲目を訳すのに辞書を引いて単語をならべても俗語がほとんどで内容がわからないため意味をなさないものばかりであったがソ連の流行歌も意味が解らないものが幾つもあった。

私は知人から、私などが音楽に対して謙遜した感情も含めて、たとえば安来節とか佐渡おけさのような民謡が音楽としてポピュラーでやさしいと思い込んでいることは裏返しにして外国人がそれらの郷土色の強い日本の俚謡を理解することの困難さに気付いていないことと同軌であると嗤われた。

つまり私のような音痴には高級即難解と思い込んでいるクラシックの中から「白鳥の湖」とか「くるみ割り人形」のようなものの抜粋を選ぶべきであると諭された。その程度のことはよく考えれば理解できないことではなかったが、問題はその、よく考えなければという、程度にあったのだろう。

私はロシア音楽の初歩的な概念を知るための書物を探してみたが皆無なのにはおどろいた。十九世紀後半からロシア国民楽派の創始者であるグリーンカからボロディン、ムゾルグスキイ、リムスキイ・コルサコフ、チャイコーフスキイ、ラフマニノフに至る系列、また革命後では、プロコフィエフ、ショスタコヴィチ、ハチャトゥリヤン、とその曲目が日本でも親しまれているからである。それはロシア音楽ということではなく世界音楽の高峰としてであった。

私はソ連の図書公団からレコード年鑑を取寄せた。それではじめてロシア音楽の系統に眼が開かれた思いを味わった。

なによりも壮観なのは商業主義の国ではないから、交響楽にしても、オペラ、バレー曲にしても文学作家の全集と同じようにほとんど全曲が収められていることである。その他に抜粋も別にあることはもちろんである。カタログを頼りに俄勉強とレコード蒐めの初歩的な興味にひかされたものであったろう。

つまり洋酒のミニチュアびんを蒐めて棚に飾りたがる種の女性たちが酒の味の理解とは関係のないことと似たようなものである。

もう一つ、のぼせた理由があった。ちょうどその頃知人にいわゆる「呼び屋」というのがいてソ連の交響楽団、バレー、オペラと大掛かりな規模で矢継ぎ早に日本に呼び寄せ、そのつど幾枚かの招待券を送ってくれるのがいた。それまでは自発的に劇場に行くというようなことはまったくない種族であったが、そんなわけでレオニード・コーガンを皮切りにボリショイ劇場のバレー、レニングラード交響楽団、指揮者もガウク、ムラビンスキイ、コンドラシン、ハチヤトウリヤンと一流のスタッフがほとんど相つぎ、それも繰り返し来日するというけんらんたるものであった。

したがって数年後にソ連を訪ねたときは初めと違ってロシア音楽の知識を多少は仕込んでいた。

百貨店グムを訪ねたが売場が移動したのか最初の所には見当たらなかった。グラムプラスチンカというレコードのロシア語を失念したため売場を尋ねるのに戸惑ったが行きずりの客の一人が親切に道をへだてた別館のレコード売場まで案内してくれた。

わずか二年ほどでレコードの質量もおどろくほど進歩していた。盤質も薄くなり百度近く折りまげても元に戻った。音質は私ではよく解らないが、あとでいくらかましな友人の鑑定によると最高というわけにはいかないが、まあまあといったところ、ということであ

LPレコードを買った赤の広場前の百貨店グム

った。モスクワの他にサンクトペテルブルグでサンクトペテルブルグ版もその時買った。盤が数字ですべて規格によって分類、統一されているので探すにはきわめて便利であった。同じ曲でも新版がある場合は売子も数字ですぐわかった。

　ベートーベン、ショパン、ブラームス、バッハ、シベリウスと著名な外国のものもかなり入っている。しかしその選択には一定の基準のようなものがあることは顔ぶれでおよその見当はつく。

　ベートーベンがソ連では圧倒的に高く評価されていても、その理由として、主題展開の理論と形式がカントとヘーゲルの弁証法の基礎の上に成立し発展させられる、というようなことになると具体的には私にはまったく解らない。

　私の興味はグリーンカの音楽がプーシキンやゴーゴリと密接な関係があるようにほとんどの音楽家がトルストイ、ドストエーフスキイ、チェホフらの作家と思想や主題、陰鬱な風土と一体になって絡み合っている共通性にあった。その関連は文学だけはなく、レービン、スリーコフ、シーシキン、レヴィタン、セローフらの画家による表現と生活とのつながりにおいても同様である。

　私のもう一つの興味は革命後一九二〇年代からのプロレタリア・ソビエト音楽の新しい傾向の試みが、チャイコフスキーに代表される古典バレーによって後退を余儀なくされたことである。

　前衛的なものはもちろん、ゴーリキイの「母」、オストロフスキイの「雷雨」、ショーロフの「人間の運命」「開かれた処女地」「静かなるドン」のようなものも上演は不成功に終わっている。

　私は音楽についてはその理由を解明する知識は持っていないし、また音楽と他の芸術の分野を同一に論ずるつもりもない。しかし私の専門の分野であった同時代のソビエトの造型芸術や建築部門の民族的古典主義への転換は明らかに誤った方向への退歩であることはこれまでに再三にわたって私は書いてきている。政府の声明とはうらはらにソビエトの造型芸術や建築の動向が古典主義から脱却しつつ国際的近代化の傾向に向かっていることは現実の作品が証明している。

もともと根のない私の音楽熱は交響楽やバレー、オペラの全曲を含む三百枚ほどのソ連のLPレコードを蒐集したところで憑きがおちたようであった。理由の一つは科学製品としてのレコードの絶え間ない進歩にもあった。二十年ちかく前に買った最初の盤質の悪いレコードをかけてみる興味はすでに失われていた。

ソビエトの大臣私邸に招かれた話

モスクワを発つ準備であわただしい最中に公式の役所の招宴に引き続いて私どもは大臣の私邸に招かれた。

九月のはじめであるというのに連日どんよりした天気でときどき雨が甃石を濡らしては

前列左より大臣、団長、大臣夫人。後列左よりジュニア、筆者、通訳

すぎさっていった。

　宿舎である、ホテル・ウクライナは三十階余りの高さがあり、私の部屋の窓からは公園ごしにモスクワ河がゆるやかにうねって流れていた。

　毎朝雨降りの日であっても犬を散歩させる女性が窓下の公園を通った。

　どんなひとがどんな家で犬を飼っているのかとふとそんな思いが私のあたまをかすめた。

　私はソビエトの都市の住宅建築と居住事情についてはかなりしらべているつもりであるがプライバシーについてはほとんど知るところがなかった。四階から八階くらいのアパートが大ブロック方式でクレーンで僅かの日数でつぎからつぎへと組み立てられてゆくのもいたるところで見ているし、家賃がほとんど全額国家負担であって、アパートの維持費として収入の四～五パーセントにすぎず、ガスもいくら使っても百円余りの均一値段であることもしらべており、大体一世帯あたり三〇～六〇平方メートルで、間取りの方式も知っていたが、私宅を訪問して居住生活の実際について話し合う機会にはなかなかめぐまれなかった。

定刻に官房長官のG氏がホテルに迎えにきて私どもが案内されたのは意外にもクレムリンに近いトヴェルスカヤ街という、東京でいうと銀座通りともいうべきショッピングセンターであった。そこの何階かが大臣の私宅であってエレベーターのある舗道の入口に、側近の二、三人のひとたちが出迎えているのがいくらか高官の格式をしのばせていた。

家族は夫人と大学の機械科に在学中の息子、それに女中で、部屋数は五部屋程度で、日本の一寸した高級アパート程度にみうけられた。

私どもが通されたのは玄関に続く客間兼食堂とでもいうのであろうか、飾棚にはカットグラスの食器が一杯に並べてあり、来日の際の贈物でもあるのか、大黒様の置物や有田焼のような対の花瓶も並べられてあるのが眼についた。

一般に外国人にものを贈るときにはもう少し趣味のよいものを贈れないものだろうかな

どということをふと考えてみたりした。

客は通訳をいれて私ども三人で先方は家族三人それに側近のG氏、ソビエト側の通訳が食卓に連なっていた。

私はソビエトの御馳走というものについては経験ずみではあるし、充分にセーブしたつもりであったが、それでもしまいにはついに参ってしまった。飲物はウオトカ、コニャック、ワインそれにビールくらいであるがさすがにホテルで出すものとはちがって吟味された上物であった。料理の方は夫人が女中を手伝わしてつくられたという手料理の数々であったが、中できのこの漬物というのが美味しかったことを記憶している。天気がよかったら農園のある郊外の別荘の方にお招きする予定であったと言い、きのこも大臣のK氏が自分で別荘の辺りで採集したものであるといった。椎茸のような格好の真白いきのこで口に含むとなめこのようなぬめりと月桂樹の香りが混った特有の香気と味があった。白樺に生えるものであるということであった。

ソビエト人が日本人と大変よく似ていると思ったことは色々の口実をならべてつぎつぎに酒をすすめ、乾杯を強いることであった。これには度々閉口した。もうひとつ日本人に似ていると思ったことがあった。いや、いまの日本人ではなくもっと古い日本といった方が適当であろうか。

それは息子の大学生に夏休みでも利用して日本に遊びにこないかと誘うような話についてもすべて父親の許可があればということをつけ加えることを忘れなかった。すべて受け応えが礼儀正しく、時々酒瓶をもってわれわれのテーブルをまわって酒をお酌してくれたりした。欧米の習慣ではないことである。ソビエトの家庭では一般に日本の家族制度に似た家長を尊敬する風習があるようにみうけられた。

ソビエトでは勿論、ヨーロッパでも私どもが目にふれた範囲ではいわゆる日本のようなアプレスタイルの青年がほとんど目にとまらなかったことも意外なことの一つであった。ソビエトも革命政権樹立以来すでに四十余年を経ており、資本主義国家とは別な階級制度が徐々に生長しつつあることはソビエトでも認めているところである。

都市の街づくりも欧米の一流都市に比して遜色なく、日本にもきて有名なボリショイ劇場の観劇にしても黒の準礼装程度の服装が常識であると案内の通訳が語ってくれた。とにかく日本で考えられているプロレタリアートの国というイメージとはかなりかけ離れた感じである。

再会を約してK氏邸を辞し、ふたたびG氏にホテルまで送られて帰ったころは夜もかなり更けていた。

雨が舗道に降りしぶき車の窓からホテルのイルミネーションが輪になってぼけてはひろがってゆくのをみながらモスクワの最後の夜に別れを惜しんだ。

ある回顧から

すこし前の新聞の消息欄に、亡くなった吉田精一の蔵書を遺族が、日本近代文学館に寄贈するという記事があり、中でも「白樺」をはじめ、文学雑誌の揃いが圧巻である。おおよそそんなことが書かれてあったことを記憶している。

現代文学の類いを読むことはあっても、それを国文学的な立場から分類して体系づけたり、解説したりすることには関心がないので、ついぞ書いたものは読んだことはないが、現代文学の教師としてのかれの名前ぐらいは知っていた。

私は以前吉田とたまたま短い会話を交わしたことを思い出したのでそのことに触れて書

いてみる。一九六〇年であるから約二十五年前になる。

ソビエトでのミッションをモスクワで解散した後、ヨーロッパのいくつかの国を経て、南廻りのエール・フランスの便で帰国するため、私はパリに滞在していた。

パリの街は灰汁洗いの前で、ちょうどいい色調に煤けた石造りの建造物が、周囲の自然と融けあって調和しているのを美しいと眺めたが、案に相違して暗くうす汚れている町だと評するものもいた。おのおのの好みと審美眼でいたし方ない。

ヨーロッパの地方都市や農村を通りすぎる時、壁の一部に花模様のタイルを使っているのに心を惹かれた。

日本のような新陳代謝の激しい国と違って外国を旅していると、時たまむかしの輸入文化と交錯するものを目にすることがある。花模様タイルも明治から大正にかけて日本でも流行した時期があり、それが幼時の記憶ともつながって郷愁を呼び起こしたせいであった。

昨年ポルトガルで、リスボンの海岸に近い旧市街一帯の外壁が、模様タイルでおおわれているのに思わず見とれた。都市条例で何年かごとに外壁を塗り直すのに、タイルの場合は水洗いだけで済むという理由からとも きいた。

吉田や学会の帰りの数人と会ったのは、帰国のためのパリのオルリー空港の待合所であった。

そのころはまだ渡航が自由化されておらず、ホテルや空港で顔を合わせる日本人は、政治家や官僚の視察と称する漫遊は別として、在外研究員とか学会の出席者、それに商社員ぐらいのもので、およその素性が知れているので、会えば気軽に挨拶の言葉ぐらいは掛け合った。

離陸して間もなく、アルプスの上空にかかったころ、気流が悪いということで、また元の空港に引き返すはめになった。

シーズンのため市内でホテルが用意できなかったのか、連れて行かれたのはパリの東南の郊外にあたるバルビゾンという村であった。

すでに真夜中をすぎていた。山荘ふうな雅趣のあるホテルであったが部屋にトイレもなかった。

出発が延期になったので、迎えのバスが来るまでまる一日、ミレー、コロー、ルソーなどの、いわゆるバルビゾン派の素朴な美術館を観たり、森続きのフォンテーヌブローまで足をのばしたりして時を費した。

一日おくれで出発した機中で、すこし離れた席にいる吉田が、小型の辞書を片手に、紙を持って私の方にやって来て、いくつかの項目について書き方を尋ねた。税関申告の書類のようなものであった。

麻薬、拳銃、わいせつ写真、絵画などの持込み禁止品目を細かく記したもので、ただYESとかNONEとか簡単に書けばよいものであった。

私が使いなれぬ語句をいちいち確かめて知っていたわけではなく、前年に渡航の経験が私にあったからにすぎない。

席にもどってからも、かれの几帳面の性格からか、さらに確かめるためか、しきりに辞書を繰っていた。

飛行機はプロペラ機に変わって就航間もない百四十座席のボーイング七〇七ジェット機で快適であったが、現在と違って途中の空港での給油、整備が数時間から半日ぐらいかかることもありのんびりしていた。したがって食事も機内ではなく、空港のレストランでゆっくり摂ることができた。

機内放送が整備のつごうで、香港に一日滞在をすることを告げた時、吉田が私の席にやって来て、こんな場合は、ホテルの滞在や食事の費用等はすべて航空会社の責任で、つまり滞在を一日分だけ儲けたことになると、うれしそうに私に教えてくれた。

そういうつまらないことなら私の方がかれよりいくらか擦れていて知っていたが黙って聞いていた。

私の知り合いの外国人が羽田から帰国するのに、飛行機のつごうで数日間も足止めされたことがあったが、その間指定のホテルで毎晩数人の友人をよんで飲んだり、食ったりしていた。

すこし図々しいようにも思ったが、貴重な時間を数日間も空費させられたことで、ひとによってはお安いことであったかもしれない。

私は同じくオルリー空港で会った、いかにも村夫子然とした初老の理学部の教授の温顔を思い浮かべた。

教授が席を外した時、居合わせた商社員が、教授が日中パリの繁華街で信玄袋よろしくバッグを肩にかけ、飾窓をキョロキョロ覗きながら歩いていたのを見たと、そのあかゲットぶりをわらった。

肝心なことは何一つ知らず、商売のための駆け引きの言葉と、夜の歓楽街に精通することの度合いでしかその国を計れない、いかにしたらヨーロッパ人と同等に見られるかと、服装や仕草にまで気を配っているその商社員に、私は軽侮の念を抑えかねた。それには、わらわれた教授と似たことをやってきた自分の姿に対する開き直りの気持ちもあったろう。

在外研究員でも戦前と戦後とではまるで事情が違った。

私が以前から親しくしていた、東北の大学の工学部の教授が、ドイツ留学のため乗船した郵船の箱根丸で、たまたま一緒になった「旅愁」を書いていた作家の横光利一との一九四三年の対談に、横光が教授より上級の船室をとったことについて、偉そうに一等に乗ったりして、非常に恥ずかしいことをして、恐縮している、と繰り返し気にして詫びているくだりがある。

戦前は軍人や官吏は、俸給は家族を養うためでなく、国家公務員としての体面を維持することを第一とするものであると公然といわれていた。したがって公務による旅行にしても、個人の懐具合とは関係なく、それに相当した等級が義務づけられていた。

もっとも横光の場合、かれの渡航の決心がつきかねていたのを、出版社が最後の部屋だといって取ってくれたものだと言い訳している。

現在のように金さえあれば外貨が無制限に持ち出せる時代と違って一九六〇年ごろは、まだ外貨不足で渡航者に対する割り当てが極端にすくなかった。たとえば、スイスで時計や、ドイツでカメラを買ったりすれば、滞在のための外貨の何割かが吹き飛んでしまう額であった。せいぜい利用した便宜は、ドイツやスイスのメーカーと取り引きのある日本の商社と話をつけ、向こうで買った時計やカメラなどの支払いを、帰ってから円で決済する程度のことであった。

外貨不足は日本だけのことではなく、そのころ来日していたソビエトのバレー団の高名なプリマが、衣料であったか、靴であったかを万引きしたことを新聞が報じていた。

在外研究員の期間も、戦前や現在と違って、三カ月と一カ月の短期間しかなかった。したがって渡航者は絶えず懐具合を気にしながら食いのばし、できるだけ多くのことを学び取ることに苦労していた。

吉田がみみっちいともとれる航空会社のサービスを私に教えてくれたり、仕事を終えて帰国する教授が、家族や友人のために、ささやかな土産品をあさるのに、柄になくキョロキョロしたことを理解するためには、そんな当時の背景を省くことはできない。

パリの街角から

四月の中旬をすぎていたが、くもり空のパリは肌さむく、ジャケットは着ていたが、ハーフコートぐらいはほしい気温であった。

サンマルタン運河にそってぶらついていると、おもわぬ看板が目についた。《Hotel du Nord》と赤いペンキで書かれた粗末な建物がダビのジェマック河岸の《北ホテル》と記憶につながるに時間はかからなかった。

私が行きずりのひとにほんとの《北ホテル》かどうかとたずねたのに、ほんとうだとすぐに返事が返ってきた。私はかつてダビがここに住み、小説《北ホテル》の舞台となった実在のものかとさらに念をおしたのに、かれはダビや小説のことはなにも知らなかった。

行きちがった話を整理すると、かれは小説ではなく、映画になった《北ホテル》について語っており、ここが映画のロケに使われたほんものの木賃宿ということらしかった。

一九三八年につくられた「霧の波止場」は去年の暮にさそわれて、偶然有楽町で、ヌーベル・バーグのリバイバルとして観たが、それと前後してつくられた、アナベラ、ルイ・ジューヴェによるおなじマルセル・カルネの映画《北ホテル》の記憶は私にはない。

私には文学散歩の趣味はないので、それが当時からの手付かずのものであるかどうかをそれ以上せんさくする気はなかった。

パリでもこのあたりは場末の風情で観光客もやたらとうろつく場所ではなく、早朝のせいもあってパンを抱えた女性をときおり見かけるぐらいで人影はまばらであった。

運河をまたぐ古い鉄製のたいこ橋もむかしのものらしい。

私がウージェーヌ・ダビの《北ホテル》を読んだのは戦前の一九三五年前後である。ダビが位置づけられたポピュリズムについては私はよく知らない。しかしゴーリキーの《どん底》が、やがて来るべき未来を暗示する、意欲的な階級文学の古典となったのにくらべて、おなじ底辺にうごめく庶民の側に立って、その哀歓を描写したものでも、ダビには観念的なイデオロギーの反映はない。

私にはダビの《北ホテル》以外の作はほとんど読んでいないが関連して思い浮かぶことにアンドレ・ジッドとダビとの交遊がある。

ジッドの《ソビエト旅行記》は結論的にはスターリン批判ともいうべき内容であるが、発表された一九三六年―人民戦線が結成され、スペイン動乱の真っ只中でもあるといった高揚された世相を背景に、ロマン・ロランをはじめ公式主義の左翼からも右翼からもジッドはたたかれた。

　ソビエトの共産主義者および各国の追従者はジッドを裏切者として誹謗、反駁した。またジッドの立場が保守反動ではなく、反ファシズムのため右翼も保守派もジッドを受け入れることはなかった。

　四面楚歌のジッドの脳裏に去来したものはソビエト旅行をともにした最大の理解者としてのダビであったろう。そのことは、亡きウージェーヌ・ダビに捧げられた《ソビエト旅行記》のジッドのダビへの献辞を見てもわかる。

　ゴーリキー危篤の知らせをうけて、ジッドがモスクワについたのは一九三六年六月十七日であったが、その翌日ゴーリキーは亡くなった。

　二十日《赤の広場》で行なわれた告別式で、スターリンやモロトフらソビエトの最高幹部とならんで、ジッドは感動的な追悼の辞を読んでいる。

　ダビはその後三週間にわたってジッドとソビエトの各地を旅行したが、最終の地、黒海に面したセバストーポリで急逝した。

　私は以前オデッサから黒海周遊の船旅をしたことがあり、そのときクリミア半島のヤルタに数日滞在したが、隣接のセバストーポリは軍港のためか立ち寄ることはできなかった。

またゴーリキーの国葬の日、ジッドが挨拶をかわし、その後明暗を分けた二人の人物にも私は興味をひかれた。一人はジッドになにかを訴えようとしたが、邪魔が入ったためについに果たせず、まもなくスターリンによって粛正されたブハーリンで、もう一人はブルガリアのデミトロフである。

ブルガリアは私のこんどの旅行先の国のひとつであり、東欧社会主義国のなかでもっともソビエト寄りといわれていた。

デミトロフはソビエトの援助のもとに一九四六年成立の現在のナロドナ・レプブリカ・バルガリヤ（ブルガリア人民共和国）の初代主班となった。

中国をはじめ、ソビエトと友好を結んだ国々を旅行すると、目抜きの広場や大通りに面して、モスクワ大学を範例とする、いわゆるスターリン様式と呼ばれる高層建築が目に障る。

それにしてもブルガリアはすこし度がすぎる。首都のソフィアのホテルをでると、迷うことなくレーニンの銅像のあるレーニン広場にでる。周辺にはブルガリア解放のために戦死したロシアの将兵のための大伽藍、アレクサンドル・ネフスキー寺院があり、第二次大戦のソ連軍記念碑がある。モスクワにあるのと同名のツム百貨店があり、その他モスクワ名称のホテル、レストラン、ナイトクラブなど数えきれない。

文字もロシア文字とおなじキリル文字で、むしろロシア語の宗家すじにあたるらしい。おかげで街頭の標示や看板ていどはロシア語の要領で私にもおおよそ判読できた。

最大のハイライトはデミトロフの遺体のあるゲオルギー・デミトロフ廟である。モスクワの《赤の広場》のレーニン廟のミニとおもえば間違いない。私はしばらく派手に正装した衛兵の交替儀式を間近に見物した。

私がはじめて《赤の広場》でレーニンの遺骸を見たのは一九五七年で、その時はまだレーニン、スターリン廟で、レーニンとスターリンは同格に安置されてあった。それから三年後に見た時はスターリンの遺骸は撤去され、廟の表示からもスターリンの文字が外され、レーニン廟とあらたまっていた。

私は遺骸を拝む興味はないので、それが化学処理されたミイラであるか、うわさのロー細工であるかといったことに関心はなかったが、先入主のためかレーニンよりスターリンの顔の方が格段に生きのいいように見えた。

デミトロフもソビエトのサナトリウムで死亡し、遺骸もソビエトで処理されて送り返されたことになっているので、例によってソビエト製ロー細工といううわさもきいた。

私がパリの土を踏んだのは二十六年ぶりである。初回が北廻りのエール・フランス機であったためモスクワへの往復を利用して数日間パリに滞在したにすぎない。それも都心のオペラ座にちかいホテルから歩いてすぐのルーブルに終日通ってすごしたのがほとんどである。こんどもバルカン諸国に行くのに、同じエール・フランス機のため、パリに途中下車といった滞在事情であった。その間ヨーロッパや中近東を何回か旅行する機会があり、その気になればいつでも立ち寄ることができたがパリを目差したことはなかった。したがって表題にパリという言葉を使ったことは適切ではないが、適当な題目がおもいうかばなかったことと「稜線」なのですこし気取ったまでのことである。

長い歴史や文化の伝統に対する屈折した感情がいくらかあるにしても、私には新しいパリの町も古い寺院や宮殿にも興味がない。

私の年代に建築史を学んだ者の多くが郷愁に似たおもいで脳裏に浮かぶものは、一八八九年のパリ万国博のトゥール・エッフェルをはじめとする、十九世紀後期の工学と手を結んだ骨組構造（スケレットバウ）による一連の構造物であった。

バルタールの中央市場であり、コタンサンの機械館であり、イットルフのギャル・デュ・

ノール（北駅）であった。ボンマルシェ、プランタンをさがして足を運んだのも、百貨店であるからではなく、それが伝統から隔絶された百年以上も前の鉄とガラスによる工業生産物の範例であったからである。

パリのシャルル・ドゴール空港もはじめてであったが、パリからユーゴスラビアのJAT（ヤット）でベオグラードに飛ぶ時は以前のオルリー空港であった。空港内部の記憶はなかったが、空港までの沿道の風景には見覚えているものもあった。

ヨーロッパの古い都市は石造建築が多いこともあって日本とはちがって数十年ぐらいではあまりかわっていない。オペラ座の横手のうろ覚えのスーパー式百貨店に入り、店員にトイレの場所をたずね、階段を上ったり下りたりして廊下の奥まったそこにたどりつくのに何度も途中で聞きなおしたりしたこともむかしをおもいださせた。また裏通りの民芸品店で若干の買物をしたことで気軽にトイレの借用をたのむと、女の子が折れ曲がった数軒も先の路地までつれていった。恐縮していると大きな鍵をだしてトイレの扉をあけてくれたのでわざわざ案内してくれた理由がわかった。

気を付けているせいか、パリの町にも新しくできた自動扉式の有料公衆便所が目に付くようになったことが以前とかわっていた。

日本人観光客が目の色をかえてあさる有名ブランド製品などは私には縁がないが、酒類の棚にはしぜんに目が行く。成田の免税店で私が買ったと同じ銘柄のスコッチが、物価の高いパリの店先でそれ以下で売られているのを見て、いまさらながら日本の流通機構にはらが立った。

サンマルタン運河から、マレ地区のボージュ広場まで散歩の足をのばした。構内のビクトル・ユーゴー記念館はまだ開いていないので、門をでてビラーグ通りからサンタントワヌ通りに曲った喫茶店でコーヒーを飲んだ。

せまい歩道を横にさえぎっていた大柄なキジネコが一時間ちかく経って店を出た時も、同じかっこうで寝そべっていた。

出勤時間がせまったのか歩道の人通りがふえたが、ネコの前をあわてて迂回するか、またいで通った。ネコの方は自分のテリトリに居座った感じで、懶い一瞥をくれることがあっても動ずる気配はなかった。

パリからアドリア海に行った時も、飲み屋街で、気が付くと食卓の下をネコがうずくまったり、なれた足取りで行き来していた。

うまいレストランにはネコが寄り付くということわざがあり、そのためまずい店では客寄せにネコを飼うという話を聞いた。日本のイヌも食わぬということわざを思い浮かべた。

バウハウスにふれた回顧から

早稲田大学、工芸美術研究所で講師として私が選んだ最初の演習題目は、バウハウスであった。敗戦直後の一九四六年で、所長は建築科教授の今和次郎、指導主任は新井泉であった。

『雑談』三十二号のバウハウス運動の紹介によると、《芸術と技術の総合》を目標とし、工業的生産と芸術との有機的関連の可能性を追究したバウハウスは、一九一九年にヴァイマールにはじまり、一九三三年デッサウでナチスによって閉鎖されたとある。

そのこと自体の記述は間違っていない。

しかし結果論的な推考からだされた、ナチスの弾圧とのみとらえる一辺倒的な、決めつけ言葉の強調のどこかに、バウハウス運動への綿密な検証を抜きにした、安易なご都合主義的な公式論におちいることがありはしないかと、気にかかることもある。そこで戦前から注目してきたバウハウス運動の実際と、そこにかかわってきた私の経験を、回顧談風に少し述べてみたいと思う。

バウハウスの理念や教育システムについては、創設者のW・グロピウスの推薦で後継者の地位についたH・マイアーの言を引用するまでもなく、バウハウスは実際よりむしろ誇大とすらおもわれるほど、外部に宣伝され、紹介されてきた。私自身にしても、戦前、著書や雑誌に、機会があるたびに発表してきた。したがってここでバウハウスの理念や歴史について、繰り返してふれる煩はさける。

しかし、たとえば、技術教育（Werklehre）と形体教育（Formlehre）の二本の柱から成り立っているバウハウスの教育体系から、教師と学生との関係が、教師が技術マイスター（Werkmeister）、形態マイスター（Formmeister）、学生が、見習（Lehrling）、職人（Geselle）とよばれ、六カ月の準備教育（Vorkurs）を終えた学生はヴァイマールの市役所に見習として登録され、仕事の高によって賃金が支払われるといったこと、また安定期のデッサウでの員数は、主任教授十三名、助教授四名、学生数は百六十〜百九十名で、年齢は二十歳前後が大部分をしめているが、男子学生の半数が軍隊経験者である点などについて、そのことがそれほど特異であるかどうか、国情や世代の相違からくる若干の理解不足もあるかもしれないので、当時のドイツの学制についてすこし書いてみる。

ドイツで職業教育をおこなう養成学校は、小学校卒業後、四年間、レーアリング(見習)として学び、終了してゲゼレ(職人)となる。さらに国家試験を受けて合格すれば、マイスター(工匠)となる。技術系大学は、上級学校に進むものは小学四年終了で、中高校に相当する九年制のギムナジウム(Gymnasium)に入り、卒業すると半カ年の労働奉仕、続いて二カ年の軍隊教育を受ける。その後、半カ年の工場実習が義務づけられ、それではじめて大学入学資格ができる。大学は四年制である。

兵役については、日本は在学中徴兵延期の措置がとられたから、兵役を終えてから進学するドイツの制度とは逆になっている。

マイスター制度も、高度な技術の伝統的な担い手としての自負と、安定した待遇と社会的地位から世襲的な傾向もあり、日本のように、親は学歴がないため職工で苦労したが、子供は無理をして大学に入れて技師として出世させたいという、マイスターを職人の親方と直訳する意識とはすこしちがう。

ヴァイマール、デッサウは当時、DDR(東ドイツ)であるが、当時それに近いドレスデンの工科大学で研究していた東北大教授の成瀬政男は、マイスター制度について、日本で強いて近似を求めれば世襲制の刀鍛冶がいくらか近いのではないかと、私に語ってくれたことがある。

一九二六年にバウハウスは、高度な建築知識を修得するためという理由で、従来の芸術技術学校から工科大学に改組され、技術系、芸術系の両マイスターは教授にかわった。


バウハウス崩壊の原因を、外部的右翼勢力の弾圧に帰し、ナチスによる殉教者に仕立てることで、バウハウスの内部的な矛盾や欠陥、理論と実践との食い違いに至った過程に目を向けないことは、バウハウスが果たした、歴史的役割と功績を正当に評価することにはならない。

バウハウスは従来の伝統にもとづく、ブルジョア的価値観に対しては、親方、徒弟などによる、新しいギルド制で抵抗運動を展開したが、創始者のグロピウスをはじめ、バウハウスの指導理念には、いわゆるイデオロギーというものはない。したがって政治的には中立を標榜したが、社会民主党と擡頭する国家社会党との対立、新しい建築家や工芸家によって組織された工作連盟のヴェルクブンド（Werkbund）と伝統的工芸美術団体、クンストゲヴェルベ（Kunstgewerbe）との確執にまきこまれざるを得なかった。

内部的には、工房現場における手工芸的手法と、機械的生産方式のアンバランスがしだいに表面化した。建築、家具、金工部門は企業と結びつき、たとえばM・ブロイアーの金属椅子は高い市場性を獲得した。また、H・バイヤーやL・モホリ・ナギの指導する印刷工房のタイポグラフィやレイアウトは、バウハウス・スタイルとして印刷美術界に普及した。しかし一方、壁画工房は建築に従属し、機織や絵画、彫刻の手工芸的部門は実験室に限定され、企業的には脱落し、余計者的な立場に後退した。

一九二八年、グロピウスはバウハウスを辞任し、ナギ、ブロイアー、H・バイアー、A・シャウインスキーと、すぐれた教師がそれに続いて去った。グロピウスの後を継いで二年半後、一九三〇年に、所長のマイアーの解任が発表された。学内政治化の激化による、学内共産党細胞の増大を、マイアーが押え得なかったことが理由としてあげられている。それに対してマイアーは、市がマルキシズムの追放を意図しながら、自分の後任に指名した、ミース・ファン・デル・ローエがドイツ共産主義の輝かしき指導者、ローザ・ルクセンブルグ、カール・リープクネヒトのモニュメントの製作者であることなどの矛盾をあげて、個人攻撃ともとれる抗議をしている。バウハウスは捜索を受け、ボルシェビーキによって学内紛争の観を呈し、すでに教育や製作の場ではなくなっていた。

市議会の投票――国家社会党、他の二十票対五票（社会民主党は棄権）で、一九三二年九月の閉鎖は確定した。

国際的ソリダリティとしての僚友、ソビエトの前衛芸術家のほとんどが、スターリンによる一九三二年の文化団体の改組によって悲惨な終焉をとげているのに反し、バウハウスは閉鎖後も、国際的にその業績が高く評価され、ヨーロッパの諸国や、大多数はアメリカへと活動の場を移した。P・クレーはスイスに、W・カンディンスキーはパリに、グロピウス、ブロイアーはハーバード大学、ローエはシカゴのイリノイ工科大学、アルバース、シャウインスキーは北カロライナのブラック・マウンテン大学へ、バイアーはニューヨークでアート・デレクターになった。

各地でバウハウスの再起がはかられ、ナギのシカゴのニュー・バウハウスがもっとも知られている。しかし、バウハウスの過去の栄光をひきずった、それらの企ての、見るべき成果は伝えられていない。

私は一九三四年に帝国美術学校、図案科に籍を置いたが、学内紛争で一年足らずで科ぐるみ多摩美術学校に移った。私は学校に顔を出すことはまれで、在学中講義をうけたことは数えるほどしかない。建前が実技を主とする学校であったため誤魔化しが利いたのだろう。

それでも卒業できたのだから、いかに戦前の学校にしてもいい加減すぎたが、それにはいくらかの理由があった。それについては後でふれる。担任教師として新井泉を知ったことは私の転機の一つとなり、その後のかれのデザイン運動のほとんどすべてに、仲間としてかかわることになった。

私が知り合って一年ぐらいで、かれは学校を去ったので、学校を通じての師弟関係というものはほとんどない。かれはデザイン関係の教育家として終始したが、一度だけ私はかれの作品を見せてもらった記憶がある。大きな布に、玉の井の私娼の生活実態を統計グラフ式に図象化したもので、棒グラフの棒のかわりに、裸の女をならべ、その股間にかせぎ高に応じた大小の巾着を配したもので、諷刺をふくんだ奇抜な着想が印象に残っている。

かれの美校の先輩であり、師事した今和次郎の考現学（モデルノロジオ）を手伝った時の風俗調査の一環であり、〈考現学展覧会〉の出品作であったとおもう。考現学の採集のため、終日銀座街頭で、女性のスカートの長短を調査していた程度はわかるが、玉の井の女の、押し入れの中の私物の、丹念な描写には、およそ女遊びなどとは無縁なかれの日常を知る私には意表の感があった。在学中から、本所の帝大セッツルメントを手伝ったり、卒業制作には本所や深川などの生活の実態を図表化したりしているので、下町や工場地帯にはもともと関心があったらしい。

私はかれによって、はじめて今和次郎を紹介され、戦後、工芸美術研究所時代、今和次郎監修、安藤更生、新井、私と、三人の編集で「工芸研究」を発行した。安藤は当時、早稲田の文学部の講師をしていたが、後に教授となり、日本ミイラの研究で知られた。

新井のデザイン教育の理念である、コンプレックス・システム——教育と労働、学校と工場とのより一層の緊密を示す、実利的要素を持つデザイン教育、具体的には、新しいフォルムの観察、新しいモチーブの表現、新しいスタイルの形成——には多分にバウハウス方式がとり入れられていた。

当時、バウハウスに関する文献は、グロピウス、ナギの編集で、一九二五年からミュンヘンのアルバート・ランゲン書店から発行されていた十四巻のバウハウス叢書（Bauhaus-Bücher）が主なもので、私の勉強もそこからはじめられた。黄色いリネンに朱の構成派ふうな装幀デザインから、生新なタイポグラフィに強く惹かれた。

しかしその頃にはバウハウス方式はすでに敷衍され、流行期をすぎていた。新井の周辺には、いわゆる進歩的な学生が集っていたが、学生を魅了した要素も、機能的合理主義のバウハウス・システムではなく、より社会性に密着した、方法論としてのマルキシズムであり、共感としての私とのつながりもそこからはじまった。

かれは一九三三年から三五年にかけて、ソビエトの前衛芸術の紹介を主とした「日本版外国美術雑誌」（アトリエ社）、「六科」（ナウカ社）を編集し、「ポスターの理論と方法」（アトリエ社）、「ポスターの科学的方法」（ナウカ社）編著で、美術と宣伝との関連からマルキシズムの方法論を展開した。

当時の社会状況から、かれの周辺からも幾人かの検挙者をだした。おもしろいことは、本来の領域であるべき、ヤップ（プロレタリア美術家同盟）の関係からではなく、プロレタリア科学、一般使用人組合、教育関係といった部門からであった。「形式においては民族的な、内容においては社会主義的な、その本質においては民衆的なもの」と一九三二年、スターリンによって規定づけられた、文化団体の改組で、ソビエトの芸術は復古的民族主義へ後退し、前衛芸術の終焉が宣告された。

改組によるソビエトの美術家同盟の不毛ともいうべき社会主義リアリズムの作品として、レーニン、スターリンなどの指導者の、国家権力を誇示するだけの、胸を張った銅像、絵画をはじめ、国土防衛、労働英雄のモニュメントが国中に氾濫した。

文化遺産の継承としてのロシア絵画のリアリズムについては、ロシア写実主義の巨匠といわれた。レーピン、スリコフ、セーロフですら、ロシア文学、音楽のレベルに比して、ソビエト内部で格差をもって見られていた。

ソビエト政治路線の、忠実な口うつし的教条主義者にすぎない、矢部友衛、岡本唐貴らの指導する日本のヤップの公式主義に対し、国際的前衛芸術から出発した当時の学生は、それよりも高度な認識と抱負をもっていた。理論的にも実践においても、社会主義リアリズムの低調さに失望した学生からは、シュルリアリズムの中に、むしろ新しい革命精神を求める傾向が見られた。

一九三五年に、植村諦、岡本潤、秋山清、清水清らとの「詩行動」にかかわって私は、杉並署に検挙された。その時帝美の学生であることから新井らとの関係を訊かれたが、その頃は入学そうそうで、かれとは面識があった程度で、まだ深いつながりはなかった。

戦前の美術学校は五年制の旧制中学校を出て、五年という、専門課程としては年数が一番長かった。

現在のデザイン科にあたる図案科は、さいしょの一年は共通の基礎課程のようなものをやり、二年目ぐらいから、建築(立体)、グラフィック、染色工芸の部門にわかれ、それぞれ志望の研究室に所属した。

図案科の一学年の員数は十名から十五名ぐらいが普通であって、私の学年では十名いた。そのうち建築の教室を志望したのは、私を入れて三名であった。自己発意や能動性に基礎をおき、学生の自治的な研究を習慣づける趣旨の研究室制度というときこえがいいが、実態は教師が、演習指導の労を省くかわりに、自修をおしつけたもので無責任もいいところであった。

中でも私が志望した建築教室は、制度としては一番中途半端ないいかげんなもので、それだけについては、マイスター制のヴァイマールのバウハウスが、デッサウでは工科大学の教室に改組されたことは妥当に思えた。事実まじめな学生で、基礎部門を修得するため夜間は正規な建築科に通っているのもいた。

主任の今井兼次教授は、早稲田の方がいそがしいこともあってめったに登校せず、在学中私が言葉を交わしたのは、卒業制作のテーマの相談について、おなじ教室の三人と、形式的にかれの自宅を訪れた時ぐらいなものであった。

誤解のないように言っておくが、研究室制度を悪用して学校をフルにさぼったのは私ぐらいなもので、一級上の土方重巳のクラスや下のクラスなどは、科長の杉浦非水を中心にまとまっていたようである。グラフィックの杉浦の教室が人数の配分でほとんどを占めていたせいもあった。

土方とは、新井らとのソビエト旅行の際、行を共にしたが、戦後は飯沢匡らの作家と組んで童画やテレビの人形劇の分野で活躍している。土方と同級で歌人になった中野菊夫は、当時から歌よみにはげみ、杉浦の夫人が、福沢桃介の妹で歌人の杉浦翠子であることもあってか、杉浦の許によく出入りしていた。在学中、私が科長の杉浦と話を交わしたのも、教員室によばれて説諭を受けた一度きりである。

私が思想関係で警察に留置されたこととか、匿名で美術雑誌の座談会に出て、学校や杉浦の批判をやったことがばれたことなどについて、なるべくあたりを刺激しないようにといった、人柄をおもわせるおだやかな話しぶりであった。教務の方からの要請で、立場上止むなく説諭を引き受けたが、厄介なことにはかかわりたくないという底意が見られた。

パリ留学で身につけた、アール・ヌーボーの影響をいつまでも脱していない古い作風の杉浦には、若年の客気からくる視野の狭小さもあって、私にはまったく関心の埒外にあった。したがって、かれを取りまく図案科の学生よりも、語学のできた滝口修造あたりを介在として、フランスのシュルレアリストとも交流をもった、帝美の洋画科のアバンギャルド・グループの幾人かの方が、心情的にも私には近かった。

図案科会発行の「DESEGNO」の編集をまかされたことが、私と学校との唯一のつながりになった。私が時たま学校に顔を出すのは雑誌の用件のためで、授業とは関係なかった。戦前は着用が普通であった学生服を着ていないで大きな顔をしているので、見知らぬ学生が教師と間違って挨拶したという笑い話も残っている。

本代の支払いに困っている時、同級の下島正夫が内職の口を世話してくれた。サラリーマンの初任給が六十円ぐらいの頃で、ニューヨークで新刊のH・バイアー、W・グロピウス、I・グロピウスの「バウハウス」を取り寄せた四十円の出費はいたかった。内職は浅草橋の組紐の問屋で、パラソルの柄のデザインであった。あまり金にはならなかったが、主人がよく向島や平井の待合に飲みにつれていってくれた。

表面は先生などとおだて、打ち合わせと称して細君の手前をつくろっていたが、なじみの女の下に通う口実に私を利用した節があった。学内で新井とも親しい、建築様式を教えていた佐藤次夫に「芸者あそびをしてきた」と得意になって話すと、「平井の芸者か」と鼻でわらってばかにされた。それではじめて花柳界にもいろいろランクのあることを知った。

かれは雑誌に協力してくれた教師の一人で、その後日本女子大で教えたり、建築事務所を主宰したりしたが、断続しながらも付き合いは現在におよんでいる。

「DESEGNO」は外部からも、滝口修造、長谷川三郎、福沢一郎、須山計一、今和次郎、吉田鎌吉、佐波甫、市浦健、山口蚊象、柳亮、金須孝、川尻泰司、金丸重嶺など、多彩な顔ぶれが執筆してくれ、上海や大連の書店からも注文があったりして、学外の関係者にも読まれ評価された。

バウハウス関係では、佐藤次夫が、グロピウスの、アメリカでのさいしょの公開論文を載せ、原弘もシカゴのニュー・バウハウスの内容をいちはやく伝えている。

編集を手伝ってくれた同級の下島は、その頃からバウハウスのモホリ・ナギに関心を持ち、その翻訳、紹介をしている。かれは戦後、文化学院や多摩美大の教授をやったりして、ナギ夫人シビルがニューヨークで出版した『モホリ・ナギ〈総合と実験〉』の訳書を出版している。

私は唯物史観の立場から、一連の〈商業美術論争〉や、海外の産業美術関係の翻訳、論評を毎号精力的に書いた。「DESEGNO」は、私の卒業後、後任者の努力で二号ほど続いた後、事実上の休刊に追いこまれた。時局の進展が、学内での許容範囲を超えたことも当然作用した。

しかし、イデオロギーの方法論に進展した「商業美術論争」をはじめ、主要な性格は、前年から新井が主宰した「芸術と技術の会」に受けつがれ、機関誌「芸術と技術」に移行されていた。当然私もその中心的なスタッフとして加わっていた。

新井の造型上の技術論の中に、映画におけるモンタージュ、建築におけるファンタジーとともに軍事科学におけるカムフラージュの研究がある。学術誌と銘打ち、一九三九年から一九四〇年にかけて発行された「芸術と技術」は、出版活動における時局の限界ぎりぎりの抵抗線での、カムフラージュ理論の実践活動ともいえた。
「芸術と技術」は、その主張の裏付け事業の一つとして、第一回、産業美術前衛賞（氏原忠夫＝森永製菓、高橋錦吉＝三省堂、山本武夫＝資生堂、亀倉雄策＝日本工房、祐乗坊宣明＝印刷出版研究所）、第二回、産業美術新人賞（本津恵三＝国際報道工芸、土方重巳＝東宝映画、小池岩太郎＝工芸指導所）を発表している。

新しい造型運動推進のためのただ一つの主催団体もなかった時代、推薦団体の社会的地位と存在のみで、その賞が権威づけられた一般何々賞とは発想を異にした前衛賞の意義は、受賞者のその後の業績によって正当な評価が下されるべきだろう。

学年や科によって、学生数は不定であったが、科によっては学年を通して数名という教室もあった。したがって学生が希望すれば、実技においては教師と学生の関係は、個人教授的な形態を帯びていた。

私は研究室制度のおかげで授業に出たことはほとんどなかったが、それでも雑誌の用件などで顔を合わせることもあって、新井泉、佐藤次夫の他、接触を持った教師に西洋美術史の大隅為三、東洋美術史の渡辺素舟がいた。

ソルボンヌ大学で学んだ大隅からは、パリの美術学校の講義録である、イポリイヌ・テエヌの「芸術哲学」を与えられ、フランス語とラテン語を仕込んでやると好意的にせまられたが、私などの実力では手に合う代物ではなく、理由を構えてついに逃げ切った。そのためラテン語はおろか、フランス語のアルファベットすら満足に読めなくて終わった。

また彼からはある時、コンピテイションの形式ではあったが漆器会社のデザインの仕事を世話してもらった。今の物価に換算して一枚十万円ぐらいであったからそれに味を占め、教授からもすすめられて数点一まとめにして持ち込んだら、応対に出た図案部長から、それがコンピテイションの特別の値段であることを自分の給料の額を例にあげ、図案工的な低額な労賃で換算される工芸デザインの現実を説明され、私の生活に対する考えの甘さを懇切にさとされた。

大隅の目黒の自宅は階段のきしむ古家であったが、書斎のガラスケースにギリシャ、ローマ時代の発掘品とおもわれる陶器や破片が飾られ、書架には皮革装幀の大判の美術書が収まっていた。蔵書はフランスから持ち帰られたのかと訊くと、目ぼしいものは日本で入手したものであると、意外な答えであった。日本で所有者の手を離れたものは、需要と供給の関係で、とくに限られた専門書の場合は、案外安く入手できることを、その後の乏しい経験でわたしも教えられた。

ある時、谷崎潤一郎という男は勉強家らしいと私に話されたことがあった。かれが小説に関心があったということは聞いたことがなかったので不審におもうと、神田の古本屋街で、谷崎の蔵書印のある、美学に関する原書を見かけるという話であった。

ドイツに学んで、バウハウスにも詳しい、武蔵工大建築科の蔵田周忠教授から、アドルフ・ベーネの著書を借りたことがあったが、それをうっかり又貸しして紛失されたことがあった。それほど珍しい本とは思わなかったが、わざわざドイツから持ち帰ったものだと、愛書家のかれから烈火のごとく怒られた。とりあえず代わりの本で弁償させてもらうことで、私の蔵書リストを差し出し、やっと機嫌を直してもらった。それから日を経ずして、神田の古本屋をひやかしている時、予期せずに同じ本が簡単に入手できた。

渡辺教授からは、荻窪に近い自宅によばれ、学校に教師として残る気があるなら周旋の労をとるとの申し出を受けたが、才能に対する見通しよりも、卒業と同時に安定した収入を必要とする私の個人的理由から、かれの好意には感謝しながら、その話はききながした。

最終学年の五年の二、三学期が卒業制作期間にあてられていた。私はすでに採用の決ま

NO RAY FROM THE HOLY HEAVEN COME DOWN
ON THE LONG NIGHT-TIME OF THAT TOWN;
BUT LIGHT FROM OUT THE LURID SEA
STREAMS UP THE TURRETS SILENTLY—
GLEAMS UP THE PINNACLES FAR AND FREE—
UP DOMES—UP SPIRES—UP KINGLY HALLS—
UP FANES—UP BABYLON-LIKE WALLS—
UP SHADOWY LONG FORGOTTEN BOWERS
OF SCULPTURED IVY AND STONE FLOWERS—
UP MANY AND MANY A MARVELLOUS SHRINE
WHOSE WREATHED FRIEZES INTERTWINE
THE VIOL. THE VIOLET. AND THE VINE.
RESIGNEDLY BENEATH THE SKY
THE MELANCHOLY WATERS LIE.
BUT LO, A STIR IS IN THE AIR!
THE WAVE—THERE IS A MOVEMENT THERE!
AS IF THE TOWERS HAD THRUST ASIDE,
IN SLIGHTLY SINKING, THE DULL TIDE—
AS IF THEIR TOPS HAD FEEBLY GIVEN
A VOID WITHIN THE FILMY HEAVEN.
E.A. POE
卒業制作（TTB 図案科会第 4 回展「Decoration」長谷川七郎作。1939年）

った職場に年末ごろから通っていたので、夜間や休日を利用して、アパートの壁面一ぱいに立てかけたタブローに向かって、珍しく制作にはげんだ。

奇怪な深海の動植物の生態をテーマに、それにE・ポーの海底の神秘をうたった詩THE CITY IN THE SEAを配したものであったが、ミソは詩のレタリングの労をはぶくためにあたまをひねり、文房具店から大きな英字のゴム印を買ってきて、スタンプでせっせと押していったことである。

卒業席次は三番であったとおもう。一番は自作の写真を引き伸ばした下島の写真壁画で、ナギやバイアーの影響によるフォト・モンタージュであった。

作品は学内の他、銀座の三越にも展示されたりしていくらかかの反響をよんだ。私の場合は作品のできばえよりも、こんな学生が学校にいたのかとか、私の描いたものをはじめて見たとかいった、学校関係者をはじめとするひやかしの類が主であった。

私が仕事として技術ジャーナリストの道を選んだことは、戦後のデザイン・ブームの時代と違って、一九四〇年代前半では、不急産業であるデザイン関係のまともな職場をさがすことが困難であった理由の他に、私の意識の中に、産業革命以後の技術と芸術との接点を、発達史として追究してみたいおもいがひそんでいたことによる。

私が就職をあせったことや、卒業と同時に柄になく形式ばった結婚式を挙げたことは、東京に出たいだけの理由で反対を押し切り、あげくに警察に留置されたり、住居を転々としたり、無頼といわれても致し方のない学生生活に、親代わりに学費の面倒をみてくれた人たちに、曲がりなりにも、社会人として自活の目途がついたことで報いたいといった心づもりがあった。

結婚の媒酌は大隅教授にたのみ、今井、渡辺らの教授も出席してくれた。いかに学生の結婚式に招かれているのに馴れているとはいえ、卒業制作ではじめて知ったような弟子を、事情を知らない参列者に顔を立ててほめあげてくれる祝辞に、教師という職業にあらためて敬意を表し、感謝した。


一九六四年の夏、私は友人のデザイナー、建築家を語らって、三週間ほどのソビエト産業美術の視察を計画した。まだ共産圏の一般渡航が不自由な時代であったが、私にはそれまですでに二回、ソビエトの招請による使節団のメンバーとして訪ソの経験があるので、関係方面との手続きも難なくまとまった。

私が視察団を編成した主な動機に、ソビエトの前衛芸術に情熱を燃やした新井に、かつて戦跡ともいうべき現地の土を踏ましてやりたいというおもいがあった。

その頃のかれは、歳のわりには心身の衰弱が目立ち、籍のある女子美術でも、新制のデザイン科の創設の功労者であることの配慮からその処遇に苦慮しているということを関係者からきいていた。

旅行中は付き添いのような形で私は部屋を共にし、ソビエトの各地でかれがどのような、感慨をしめすかを見守ったが、終始茫洋としたその外貌からは、ついにその心中を忖度することはできなかった。その後案じていたかれの健康も小康を得て、九州産業大学教授として単身福岡に赴任していった。

「日本版外国美術雑誌」「六科」のドイツ語文献部門の翻訳を担当した詩人の新島繁とは、戦後かれが独文教授として神戸大学へ赴く時、当時のプロレタリア科学の仲間らと送別の小宴を張ったが、まもなく任地からの訃をきいた。

新井が亡くなったのは一九八三年、八十一歳であった。

あとがき

私は一九一三年生まれだから、一九一七年のロシア革命はガキの年相当の記憶として覚えてはいるだろう。

日露戦争やシベリア出兵などは、私の生前のことだから、後年書物や口伝で現代史として興味を持った。

本書は、家で粗大ゴミといわれている古雑誌や古本のたぐいからソビエト・ロシアに遊んだ時どき折おりの感想、メモの一部をまとめたもので、旅行案内的なものとして書かれたものではない。時間や空間が前後している箇所があるのはそのせいである。

ソビエトの崩壊後サンクトペテルブルグのように名称がやたらと旧に復した。気がついた箇所は直したがもともと私はロシア人のそういった移り気が好きではないので、地名を直していないところも多いと思う。

頁だての都合で終わりの数篇はソビエト・ロシアの表題が入っていないが、どこかの箇所でソビエト・ロシアにつながるものもあると思って載せた。

初出誌一覧

- 黒海紀行——1974年
  「塞外」2号、3号
- 外カフカズへ——1975年
  「塞外」5号
- ペテルブルク街道のドライブ——1975年
  「塞外」6号
- ソビエト造型芸術をめぐって——1958年
  「現代詩」3月号・4月号
- 「プーシキン」を読んでの私的回想——1990年
  「稜線」・33号
- ロシア・アバンギャルド展をみて——1983年
  「コスモス」・2号
- ソ連でＬＰレコードを買った話——1974年
  「塞外」4号
- ソビエトの大臣私邸に招かれた話——1960年9月
  「樹木」
- ある回顧から——1985年
  「コスモス」49号
- パリの街角から——1986年
  「稜線」20号
- バウハウスにふれた回顧から——1985年
  「雑談」33号

著者　長谷川七郎（ハセガワ・シチロウ）
1913年　新潟に生まれる
1939年　多摩帝国美術学校図案科卒
現住所　〒169-0051
新宿区西早稲田3-23-8
早稲田セントラルハイツ205
著　書『長谷川七郎詩集』（皓星社）他

ロシア＝ソビエト　あかゲット

定価　一、〇〇〇円＋税
二〇〇一年三月四日　初版発行
著　者―長谷川七郎
発行者―藤巻　修一
発行所―株式会社　皓星社
〒一六六―〇〇〇四
東京都杉並区阿佐谷南一―一四―五
電　話　〇三（五三〇六）二〇八八
振　替　〇〇一三〇―六―二四六三九
http://www.libro-koseisha.co.jp
E-mail info@libro-koseisha.co.jp
装　幀　藤林省三
本文組版　（有）ガル クリエート
印刷・製本――（株）シナノ

ISBN4-7744-0308-3C 0095